Small Business Management

スモールビジネス経営論

―スモールビジネスの経営力の創成と経営発展―

小嶌 正稔
KOJIMA MASATOSHI

目　次

序　章　スモールビジネスの成長と発展　　1
　1．中小企業からスモールビジネスへ　1
　2．経営学の対象としてのスモールビジネス　3
　3．スモールビジネスの成長と発展　4
　4．本書の構成　9

第1章　中小企業の範囲と存立形態　　15
　1．政策的範囲　15
　2．規模（量的）基準、質的基準　18
　3．スモールビジネスと企業性特性　21
　4．中堅企業の範囲　25
　5．まとめ　27

第2章　中小企業本質論と中小企業政策　　29
　1．淘汰問題型中小企業認識論　29
　2．残存問題型中小企業認識論　31
　3．格差問題型中小企業認識論　35
　4．貢献型中小企業認識論　38
　5．中小企業の役割の見直しと新中小企業基本法　41
　6．スモールビジネス・マイクロビジネスの政策的位置づけの変更　43
　7．まとめ　45

第3章　スモールビジネスの経営力と経営革新　　49
　1．経営力と経営機能　49
　2．中小企業の多様性と中小企業経営の視点　52

3. スモールビジネス経営者のリーダーシップ　53
  4. スモールビジネス経営における経営の専門化　55
  5. スモールビジネスの経営力　59
  6. スモールビジネス経営のプロフェッショナル化　61
  7. まとめ　63

第4章　起業家概念の変質と起業家社会の構築　　　　　　　　　65

  1. 起業家の役割の拡大　65
  2. 雇用者社会における自営業　67
  3. 起業家の類型化　71
  4. リスクと起業家概念　82
  5. 起業家社会の構築のために（まとめ）　86

第5章　スモールビジネスとフランチャイズ・システム　　　　　91

  1. わが国経済におけるフランチャイズの地位と役割　92
  2. フランチャイジングの定義　97
  3. フランチャイズ・システムの発展過程　100
  4. フランチャイジングの分類　105
  5. フランチャイジングの優位性　110
  6. わが国におけるフランチャイジングの課題　112
  7. フランチャイジングの創業機能の発揮の条件（まとめ）　115

第6章　スモールビジネスの技術と経営力　　　　　　　　　　　121

  1. 中小企業の技術概念　121
  2. 中小企業の技術マネジメントと技術経営　124
  3. スモールビジネスの製品開発プロセス　134
  4. スモールビジネスにおける技術（まとめ）　136

目　次

第7章　ファミリービジネスのマネジメントと事業承継プロセス　141

1. ファミリービジネスの定義とスリーサークルモデル　142
2. ファミリービジネスの定義と発展過程　145
3. ファミリービジネスの発展過程とその障害　147
4. ファミリービジネスの事業承継プロセスと阻害要因　151
5. まとめ　155

第8章　スモールビジネスの企業間組織　157

1. 経営環境の激変と集団化、共同化　158
2. 異業種連携の目的と成果　162
3. 企業連携組織化プロセス　167
4. スモールビジネスの組織化と連携組織　172
5. 新連携による支援の課題と方向性　174
6. スモールビジネスの連携支援（まとめ）　181

参考文献　185
あとがき　195
初出一覧　200
索引　201

序章

スモールビジネスの成長と発展

1. 中小企業からスモールビジネスへ

　中小企業といえば、規模が小さいことは当然として、多数でさらに弱いものというイメージで捉えられてきた。大企業が1万2千社に対し、中小企業は420万社あり数の面では99.7％を占める圧倒的な多数であるにもかかわらず、数は力ではなく逆に過多であるとされてきた。そして経営資源が少ないから、あるいは、大企業でないことから発生する問題のみが強調され、一種の社会的弱者として位置づけられてきた。それゆえに中小企業は絶えず保護政策の対象であり、中小企業はそのまま中小企業問題ですらあった。

　「中小企業とは、自己資金中心で資本規模が小さく、組織も社長とその家族が中心でその機能は不明確、未分化で制度的運営もできず、狭いすきま市場で、過当競争をし、その多くは古くからもっている不動産価値まで含めると、平均利潤以下の利益しかあげられない企業をいう」（清水［1986］pp.1-2）という定義も決して例外的なものではなく、中小企業は問題的・脆弱的で成長どころか維持すら困難であるような位置づけを与えられてきた。国民の目は、戦後の大半の期間、経済成長を支える大企業に向けられ、中小企業は二重構造[1]を形成する非近代的部門であり、中小企業の労働者は低生産性を長時間労働でカバーし低賃金の中で黙々と努力するが不安定、というイメージが長期にわたって刷り込まれてきた。

　戦後も安定期から高度経済成長期までは商店街には人があふれ賑わってい

た。そこでは忙しい忙しいと笑いながら汗をかき、街を支えていた人々の姿があった。しかし、これらの人々の活動は「遅れたもの、弱きもの、不安定なものという圧倒的に支配的なイメージ」（三輪［1989］p.54）にかき消されてしまった[2]。

　さらにベンチャー企業が注目を集めると、中小企業は大企業に対する弱小のイメージに加え、新しく活力があるベンチャー企業に対して、成長意欲が低く、活力を感じない企業というイメージが追加されることになる。中小企業も経営者次第でベンチャー企業のようになれる。一方、ベンチャー企業に対しては、少しでも走るのをやめれば中小企業になってしまう、というように、対称的存在に位置づけられることすらあった（榊原・前田・小倉［2002］pp.219-224）。

　重厚長大、大企業を主役とする20世紀型産業構造が成長や豊かさを実現する推進力でなくなりつつある中で、ベンチャー企業ブーム、ベンチャー企業支援ブームが落ち着き、産業構造の転換が求められ、創業によるイノベーションに目が向けられるようになると、ようやく中小企業の「果たしてきた役割」が見直されるようになった。この見直しには20世紀型産業構造の中でも、中小企業は大企業が参入しないようなニッチの中で生存し活動するだけでなく、大企業と協働してきたこと、そして何よりも中小企業も大企業とともに成長し、経済発展を支えてきたことが含まれる。中小企業の生存領域は大企業が見逃すか手を出さない「残渣としてのニッチ」ではなく、強みを発揮する「適所としてのニッチ」であること、大企業から仕事をもらい、支えられる中小企業ではなく「専門技術や特性を持ち、開発力・提案力を備え、市場創造を果たし、人間尊重の経営哲学を実践する存在」（巽・佐藤［1996］p.2）という一面も確認されてきた。

　さらに中小企業が「果たすべき役割」も廃業率が開業率を上回る状況の中で「過多」から「過少」へ焦点が移り、そしてGDPが米国に次いで第3位という経済的地位は人口の減少などによる経済の縮小の中で急速に低下するであろうという予測（Goldman Sachs［2007］）が変革を促すイノベーションの必要

性を求めた。シュンペーター（Joseph A. Schumpeter）の「イノベーションは大企業ではなく新しい企業から起こる（シュンペーター・清成[1998] p.152)」という仮説は、スモールビジネスの新産業を切り開く活力への期待を明確にした。このことからイノベーションの担い手である中小企業、雇用創出の担い手である中小企業などとして中小企業の貢献が前面に出てきた。

ここで中小企業のイメージは、弱小・過少過多の「中小企業」から新しい時代を開く、「マイクロビジネス」、「スモールビジネス」へと緩やかながら変化しつつある。

本書では、「中小企業」という用語は、政策的視点や中小企業基本法など法的に定められた範囲に基づく場合や統計情報など資料において中小企業として分類されている場合に使用し、経営学の視点から中小企業を捉える場合には、「スモールビジネス」、「マイクロビジネス」という用語を使用する。

2. 経営学の対象としてのスモールビジネス

中小企業は、従来は経営学の対象として捉えられることは少なかった。それは経営学が、「①企業とは主に製造業である、②企業とは大企業のことである、③企業は、男性の活動によって支えられている（斎藤[2006] p.3)」、という前提（経営学者の固定概念）に基づいていたことによる。中小企業は膨大な数から多様な企業と多様な経営者によって成り立っていることから、共通要素を探し、理論を組み立てる対象としては不向きであり、多くの考察が多様性という結論に収斂してきた。この中で経営学は0.3％の大企業を対象とし、99.7％の企業を対象外としたのである。

常盤・片平・古川（2007、pp.5-6）は、『反経営学の経営』の中で「二〇世紀、企業間競争の勝敗を分けたのはカネという資本とその集積だった。そして米国を中心に経営と統治のしくみが作り上げられてきた。しかし二一世紀はこの延長線上にないだろう。鍵を握るのは人的、知的資本であり、それは同時に企業で働く"ヒト"であり、ヒトの生み出す"知"である。知をもとにおき、モ

ノやサービスを創り出す喜び、働く幸せを軸とする仕組みを企業経営の中に織り込むことである。この論は、日本固有の精神文化・風土の中で培われてきたものであるが、米国流の経営に限界を感じているいま、日本の企業を越えて広くグローバルにも新しい経営モデルとして議論の対象になり得るものである」と新しい日本的経営のあり方を探る必要性を述べ、職商人道を貫く中小企業の生き方に解答を求めた。大企業を視点に、経営学を「学」として語ってきた人達が反経営学としているのは、実はまさしく中小企業の経営であり、スモールビジネス経営であり、これもまた経営学であり、決して「反経営学」ではない。

この考え方は、働く場所としての中小企業（スモールビジネス）の見直しも迫っている。かつて政府は二重構造の基礎にある自営業など「小企業」、「零細企業」を遅れた存在として、会社勤めを進んだ存在として捉え、欧米式な就労構造であった「従業員社会」を是としてきたが、現在では働く場所としてのスモールビジネス、マイクロビジネス、開業、創業、起業が働く人の立場からも見直されてきた。

このように中小企業は経営学の対象として重視されてこなかったことから、中小企業の経営に対する研究は、「問題意識が拡散し、方法論、視点の統一性が欠けていた（渡辺・小川・黒瀬・向山（2001）」ことも事実かもしれない。

本書は、現象記述で終わる中小企業経営ではなく、二重構造、格差問題型などの中小企業弱者論でも、政策的中小企業論でも、また単なるベンチャー賛美論でもない企業家（起業家）的視点を持ってスモールビジネス経営論を展開する。

3. スモールビジネスの成長と発展

企業家（起業家）が創業、もしくは開業を行ったところからスモールビジネス・マイクロビジネスが生まれる。この段階のスモールビジネス・マイクロビジネスはまさしく事業（ビジネス）であり、経営体の基礎たる事業の発展・成長の基点となる（山本［1997］p. 12）。

経営者は事業を継続するために、まず自社製品・サービスを販売できる顧客を発見し、収益を得て採算がとれるように努力する。そして採算がとれ安定するようになると、次に事業の発展を目指すことになる（斎藤［2006］p.10）。すなわち存続・維持、安定、成長と事業を進めていく。

　バーナードは『経営者の役割』の中で、「経営体の存続は、物的・生物的・社会的な素材、要素、諸力からなる環境が普段に変動する中で、複合的な性格を持つ均衡（an equilibrium of complex character）をいかに維持するかに掛かっている」（Barnard［1938］邦訳p.6）とし、環境変化の中で事業を維持することの難しさを述べている。しかしここで言う環境変化への対応は、環境に対応することだけでなく、環境に働きかける主体性が重要である。加藤（1997、p.43）は「経営存在にとって環境適応が不可欠なものであるとしても、環境変化のままに経営存在が『漂流』してしまうのは困るのであって、環境自体を自己に適応させる経営体の主体性も重要な課題」とし、経営存在の行為的主体性・目的論的性格と環境依存性の「経営存在の二面性」の重要性を指摘している。

　この経営存在の二面性を前提として、経営資源の制約を持つスモールビジネスがその制約を取り除く方法には、成長と発展の2つの方法がある。通常は適正規模以下で創業したビジネスは適正規模まで、まず成長することが生存条件とされ、創業当時の成長率は高いがそれに不覚（blunder）すると倒産・失敗してしまう（Timmons and Spinellis［2003］p.561）。ここでいう成長・発展に関する考察は時系列としてこの「不覚」後の時期を対象とする。ライフサイクルでいえば導入期の成長（創造性による成長、誕生期の成長）に対して、これ以降は成長期の成長ともいえる（Greiner［1972］、Lappitt & Schmidt［1967］）。また経営資源には「一般的に企業経営に必要とされるハード資源（人、モノ、金、情報）と経営能力（経営者の能力、組織能力）」（太田［2008］p.77）があり、この「不覚」の時期まではこの両方の資源ともが不足している。

　黒瀬（2012、p.69）は、中小企業発展の態様として、質的発展（価格競争力の強化）と量的発展（存立分野の拡大）の二つをあげている。黒瀬は、「商品

生産者が商品生産者として生き残る上での最大の課題は、『販売の不確実性』を低下させることであった。『販売の不確実性』の低下とは、商品生産者の立場に立つと、商品に『価格形成力をつける』にほかならない」とし質的発展とは「商品生産者が『社会的に妥当と考えた価格』を市場で貫ける力」としている。一方、量的発展とは、存立分野の拡大を意味している。すなわち質的発展は製品の差別化と技術の差別化からもたらされる独自市場の構築によってもたらされる経営資源の制約の除去であり、量的な発展は「産業を分化させて中小企業分野を拡大すること」としている。

同様に高橋（2012、pp. 211-233）はイノベーションと企業成長の関係の考察から「企業の成長は、しばしば企業規模の拡大と同義に捉えられてきた。（中略）イノベーションの創出の上で、中小企業がいたずらに企業規模を拡大することは逆効果であり、中小企業は量的成長よりも質的成長を目指すべき（p. 211）」としている。この質的な成長は、イノベーション創出、問題解決能力でみた能力的成長を示している。

また野中（1985、pp. 132-133）は、「たえず進化する組織の条件」の中で、組織は独自の生存領域（ドメイン）を持ち、主体的にドメインの選択を行う、としたうえで、その生存領域の幅と深さをドメインの深耕可能性として類型化している。この類型では、縦軸に市場の奥行き（ポテンシャルを含めた規模、顧客の価値・志向の多様性および変化の可能性）、横軸に技術の奥行き（革新・洗練・高度化の余地、関連技術の創造、他の技術体系との組合せないし融合可能性）をおいたマトリックスで説明している（図表0-1）。

この中で①セルの事業展開は、限定された技術の組み合わせで、規模を追求するもの、②の技術と市場ともに奥行きがある場合には技術やノウハウが枝分かれしていき、それぞれの市場で深耕が可能な場合である。これを進化の側面から言えば①→②と③→④は質的な進化、③→①、④→②は量的な側面を持っていると考えることができ、黒瀬のいう質的発展と量的発展と同様な概念と考えることができる。

また関（2011、p. 159、p. 169）は特定の大企業に依存する下請中小企業を念

序章　スモールビジネスの成長と発展

図表0-1　ドメインの深耕可能性の類型

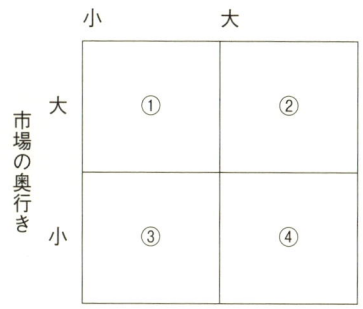

```
                技術の奥行き
              小        大
         ┌─────┬─────┐
       大 │  ①  │  ②  │
  市場の  ├─────┼─────┤
  奥行き  │     │     │
       小 │  ③  │  ④  │
         └─────┴─────┘
```

（出典）野中（1985、p.132）図4-2

頭に「中小企業の発展とは、中小企業が自社の経営基盤をいっそう強化しうるような『自律化』を意味している」と自立的経営行動の実現（脱下請）を発展としており、関の「自律化」は黒瀬の「価格形成力」と同様に経営力創成の結果としての発展概念であると考えることができる。

一方、加藤（1997）は、成長と発展を区別して使用し、「発展」には、「成長」の場合のように、量的増加ないし規模的拡大といった意味はなく、むしろ「より簡単なより低い段階からより複雑なより高い段階への移行」を含意し、「漸進的な量的変化の集積の結果として起こる飛躍的な質の変化、循環運動としてではなく漸進的上向運動」であるとしている。このように発展概念は目指すべき「完全な形態」の存在を前提とする。ここでいう完全な形態とは企業の基本理念である企業理念に近い意味を持ち、企業が目指すべきものであるが、決して到達し得ないだろうあるべき姿（理想型）であり、完全形態への企業活動である発展は、図表0-2で示したように、大きさと方向を持った一種のベクトルとして存在する[3]。

すなわち発展とは、単に存続することから、よく存続すること、そしてよりよく存続するように自らを高めていくことである（加藤［1997］、Whitehead［1929］邦訳p.8）[4]。野中は『企業進化論』の中で、組織の進化論モデルを変異（variation）、淘汰（selection）、保持（retention）の3つの構成概念で説明

7

図表0-2 発展概念（方向と強さを持った
ベクトルとして表現する）

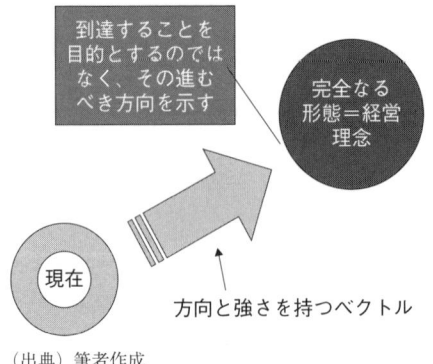

(出典) 筆者作成

したが、加藤（1997、p.45）は進化について「物事が段階を追って、よりよい或いはより高度な段階へ変化していくこと」、「生物の形態や機能が長い年月の間に変化し、次第に異なる種へ分岐していくこと、一般に体制の複雑化、適応の高度化ならびに種類の増加を伴う」として「『進化』と『発展』とは、指示的内容においてはほぼ同じであると考えることができよう。ただ『発展』は『進化』に比し、より目的論的性格を色濃く含意するもの」と述べ目的論的性格の重要性を指摘している。

　これらのことからスモールビジネスの発展とは、経営資源の量的な制約を質的に解消することを意味しており、スモールビジネスは発展すればするほど、経営資源の制約を感じなくなるのである。

　一方、成長とは量的な拡大を意味する概念であり、経営資源の量的な制約そのものを解消する手段として存在している[5]。成長、すなわち量的な拡大にも発展を伴う成長と発展を伴わない成長があり、発展を伴わない成長は、ちょっとしたつまずきで事業を困難にさせる「スラック（余裕）のない経営（斎藤[2006] p.11）」や「過大拡張の罠」に落としてしまう可能性がある。発展を伴う成長は、発展の手段としての役割を果たす。

　米国テキサス州オースティンのエイミーズ・アイスクリームは、多店舗展開

を目指していなかったが、「一店舗だけでは従業員を成長させるにも限界がある。店をもう一つ持てば、マネージャーのポジションを増やし、昇進の道筋が明確につけられる」(Fenn[2007] 邦訳 p.124) と社員を成長させ、事業をさらに発展させる手段としての成長の必要性を示している。

すなわちスモールビジネスが資源の制約を克服する手段として、発展が存在し、発展のために成長が必要とされる循環がスモールビジネスの経営発展としてもっとも有効なのである。

4. 本書の構成

本書は8章から構成されている。

まず第1章では、中小企業の範囲の中で政策的な範囲の推移を確認した。この中小企業の範囲は政府系中小企業向金融機関である商工中金などの基準を援用することからはじめ、政策的範囲として法律に基づいたものとして、中小企業基本法で規定された範囲の推移を確認した。そして政策的運用に適している量的（規模）基準がグローバル化や雇用形態の変化の中で制約が出てきていること、質的基準も操作性において難があることから、政策理念としての質的基準と政策手段としての量的基準の2つの視点での範囲設定が必要であることを示した。

次に中小企業が大企業に対する相対的概念であることをふまえ、企業性特性等から、中小企業の範囲の検討を行った。ここでは中堅企業、小規模企業（スモールビジネス）、零細企業（マイクロビジネス）の位置づけについて考察し、中堅企業は大企業と中小企業の境界にある大企業であること、マイクロビジネスは、経営と家計の分離がされていない生業的企業が中心であるが、資本による利益と労働の対価としての人件費の区分の必要はなく、付加価値を中心に企業経営を行っていくことで企業としての位置づけを保持しており、中小企業の範囲の下限であることを示し、マイクロビジネスを含むスモールビジネスの範囲を明確にした。

第2章では、中小企業がどのように捉えられてきたかを問題型中小企業認識論と貢献型中小企業認識論の二つの視点から確認した上で、中小企業が社会経済的に果たしている役割について、中小企業でも果たすことができる役割ではなく、中小企業だけが果たすことのできる（特有の）役割についてまとめた。これらは競争、需要に対する役割、地域企業として地域社会を支え、新商品、新サービス、新企業、新産業を生み出す苗床としての役割などである。
　しかし戦後の混乱期、復興期から高度経済成長期の初期までに一般化した二重構造仮説が中小企業のイメージを固定化させ、従業員社会、雇用者社会を肯定することで、結果的に中小企業の苗床機能を担う起業家社会の構築を難しくすることになったこと、経済構造改革が求められる中で、起業家待望論や起業家社会が求められているが、この基礎こそが中小企業であることを示した。そして小規模企業に目を向ける基本法の改正を踏まえて、小規模企業ではなくマイクロビジネス・スモールビジネスとして経営の視点から考察することの必要性を示した。
　第3章では、スモールビジネスにおける経営のプロフェッショナル化の障害とされてきた所有と経営の分離と経営の専門化の2つについて検討した。その結果、所有と経営の分離については、経営体制を対境関係への調和に進めることで経営プロフェッショナルとして「経営（体）」に発展することができることを示した。また専門化については、スモールビジネスが経営者の総合力によって経営プロフェッショナルの要である経営革新を実現していること、経営者の総合力は企業力の源泉として成長するが、事業継承の視点から専門化に向かわざるを得ないことを示した。そして最後に、スモールビジネスの経営力の視点についてニッチ概念を例に、大企業の視点ではなく、スモールビジネスの視点でスモールビジネスの経営を考察する必要性を示した。
　第4章では、社会経済構造改革の担い手として起業家（アントレプレナー）が求められているが、イノベーション、創造的破壊、リスクテイキングを実行するスーパーヒーローとしての起業家像が結果として低開業率の原因になっていることを示した。そして戦後の雇用構造の近代化の名目のもとで形成されて

きた「雇用者社会」の中、自営業者は若年層を中心に減少し、結果として自営業が果たしてきた起業家を生み出す土壌までも失わせてしまったことを指摘し、職業の一つとして起業を選択し、起業家が社会的に認知され、起業が社会の活力を生み出す社会（起業家社会）を創成することの重要性を示した。

　第5章では、職歴の中断の増加、経済のサービス化や経済構造の変革の担い手として新規開業、起業、そしてベンチャービジネスが注目される中で、事業継続の可能性が高く、投資回収可能リスクを抑えることができる創業（独立・開業）機会としてのフランチャイジングとスモールビジネスについて考察した。フランチャイズという用語は、フランチャイズ、ライセンス、ディーラー、系列などさまざまな形態に対して使用されてきたことから、まず用語としてのフランチャイズの概念を明確にし、発展過程をふまえたフランチャイジング分類、フランチャイジングの優位性の源泉を示した。

　その上で、大企業とスモールビジネスの協働システム、起業機会としてのフランチャイズ、経済構造改革の担い手としてのフランチャイズの3つの視点から考察し、フランチャイジングが果たすべき役割とそれを遂行する上での課題について述べ、スモールビジネスと大企業の相互関係の中で、今後とも健全に発展し、新たな役割を遂行するための環境整備の必要性を示した。

　第6章は、中小企業の技術について、競争優位の源泉としての技術を、従業員規模別にまとめ、スモールビジネスの技術にとって「技能と熟練」が持つ重要性を確認した。その上で、技術経営の概念の3つの領域からスモールビジネスの技術について考察した。すなわち中核便益（core benefit）の製品化に関わる技術を対象とする技術のマネジメント、新製品開発のマネジメント、そして第三の領域である事業創造、イノベーションの3つの視点からスモールビジネス（中小企業）の技術と経営力について考察し、革新的な技術によって市場の概念が大きく変化する中、スモールビジネスの開発志向の継続は困難を伴うが、産学連携、特に開発型連携、分業型連携を強化することで中小企業は技術を経営力の創成源として維持することが可能になることを示した。

　第7章ではスモールビジネスの大半を占めるファミリービジネスについて考

察した。中小企業の大多数はファミリービジネスであり、ファミリービジネスの大多数は中小企業である。それゆえにファミリービジネスに関する考察なくしてスモールビジネス経営の研究は完結しない。スモールビジネスは経営者の役割が大きくマネジメントの重要性は高い。しかも家族の要因が加わることから、マネジメントはさらに複雑となる。家族の中では、お互いにお互いの能力、性格、生活、習慣などを充分に知っていることからまったくごまかしは効かない。それゆえ家族の支持を得るためにはその裏付けとしてのマネジメント能力が必要となる。

しかもプロダクトライフサイクル、ビジネスモデルの寿命の短縮化は製品（業種）を中心とした家業の継続の優位性を棄損させていること、子供の高齢化、離婚などによる家族形態の多様化から、ファミリービジネスのマネジメントの中心は、内向きのマネジメントから第二創業、第三創業といわれるような業態開発、業種転換など新たな視点が必要されていることを示し、ファミリービジネスの長期的視点は、迅速な意思決定とリスクテイキングを可能にすることから、リスクに対して小さな変化を積み重ねることでリスクに強い基盤を構築することが可能なることを示した。

第8章では、中小企業の協同化、組織化への業界支援から異業種交流、新連携にいたる企業間組織をもたらした要因と支援について概観した上で、ウェイクの組織に関する考え方を援用して、スモールビジネスの連携はそのプロセスの各ステージにおいて態様が異なり、一般的な目的志向的組織として形成されるのは、連携組織が相互依存関係を持ち、継続可能になってからであることを示した。すなわちスモールビジネスの企業連携は、目的を所与とせず、それぞれの企業が手段として認識し、手段が相互依存関係、相互利益を生み出した後に、はじめて目的として機能する。それゆえ中小企業の連携支援は手段を目的に変えていく過程への支援であり、企業間組織、連携政策の重要性を考慮するならば、中小企業を支援する組織、産業、人材を育てなくてはならないこと、さらにスモールビジネス支援者のプロフェッショナルの育成が急務であることを示した。

序章　スモールビジネスの成長と発展

　以上のように本書はスモールビジネスの発展の視点、すなわち発展すればするほど経営資源の制約を克服する経営、そして発展のために成長が必要とされる循環こそがスモールビジネスの経営であるという視点から、スモールビジネスの経営力の創成と経営のプロフェッショナル化を考察したものである。スモールビジネスが規模を追わず、スモールであることの意味を示唆したり、強調する書籍は少なからず存在するが、そのビジネスが経営者とともにライフサイクルを終えるライフサイクル企業であったり、ゴーイングコンサーンを意識しないとすれば、そのビジネスは本当の意味で社員を育成し、地域社会に貢献し続ける意思を持っているのか疑問である。だからこそスモールビジネスの経営者は、ゴーイングコンサーンを維持するために自らがプロフェッショナル化しなくてはならないのである。

【注】

(1) 二重構造とは、「わが国の雇用構造が、近代的な大企業と前近代的な小企業、零細企業、農業等による両極から成り立ち、これによって大企業と中小企業との間に生産性等の格差が存在するとする」とする仮説(『経済白書 1957 年版』pp. 35-36)。詳しくは、第2章3. 格差問題型中小企業認識編を参照のこと。

(2) 三輪(1989)「日本の中小企業の『イメージ』、『実態』と『政策』」の中で中村秀一郎の「中小企業といえば、遅れたもの、弱きもの、不安定なもの、あるいは過当競争に明け暮れ、大企業によって一方的に収奪されるものと見なす議論は一貫して跡を絶たず、いつでも多くの人々の中小企業イメージを支配している」(中村[1985] p.1)を引用した上で、「中小企業に関する『イメージ』は中小企業に関する諸現象を認識し分析する際の思考の大枠と結びつき、表裏一体の関係にある」としている。

(3) 加藤(1997)は発展類型として①成長を伴う発展(development with growth)、②成長を伴わない発展(development without growth)、③発展を伴わない成長(growth without development)、④現状維持もしくは衰退(no growth and no development)の4つを示し、①と②を積極的な発展類型、③は高度経済成長時代の量的拡大を優先させる成長、④は存続不可とし、企業は積極的発展類型を目指すべきとしている。

(4) ホワイトヘッドの三重の衝動(生きること、よく生きること、よりよく生きること)。

(5) 清水(1986, pp. 2-3)は「企業成長とは、利潤の蓄積とそれによる規模の拡大である。その企業の利益の源泉は、中にいる人々の創造性の発揮にある」としている。そして「成長促進要因としては、市場的新製品(製造技術の革新)、技術的新製品(製品技術の革新)

が中心になるとしている。

第1章 中小企業の範囲と存立形態

　中小企業は多様である。中小企業数は420万社、一方の大企業は1万2千社、企業の99.7%が中小企業に分類されている（『中小企業白書2013年度版』付属統計資料1表(2)）。さらに中小企業のなかでも小規模企業に分類される会社が361万社、87%もあり、この膨大な数の中小企業をひとまとめに表現すると「大企業でない」というあいまいで適切性に欠ける表現となる。それゆえ企業の形態も会社のイメージも、経営者のイメージも、受け取る人によって、視点などによってまったく異なったものとなる可能性がある。それゆえ「中小企業」という用語も、ビジネスの現場において日常的に使用される用語、例えば経営戦略やビジネスモデルなどと同様にさまざまに用いられている。

　本章は、まず法律によって定義された中小企業の範囲の推移を確認する。その上で範囲を定める基準である量的基準（quantitative standard）と質的定義（qualitative standard）の2つの基準を示した後、中小企業、小規模企業、零細企業、スモールビジネス、マイクロビジネス、そして中堅企業の範囲を明確にし、本書で考察するスモールビジネス経営の考察基礎を示す。

1. 政策的範囲

　中小企業が中小企業として認識されたのは、大企業が登場してからである。ここでいう大企業とはトヨタ自動車のような世界的な大企業や一部上場の企業を指しているのではなく、18世紀後半から19世紀初頭にイギリスに登場した軽工業中心の「工場」のことである。

わが国において同様の工業化（機械制工業）が始まったのは19世紀末の紡績工業からであった。大阪紡績など規模の経済性を発揮する工場の登場とともに、その対極として家内工業、小生産者、小商業者などが小商工業者として位置づけられ、ここに機械などを使用して規模の経済性を発揮する工場でない企業として「小企業」「中小企業」が登場する。瀧澤（1996、p.6）は、「日本における先駆的な中小企業問題としては、明治期の『在来産業問題』が指摘されるが、『大工業』と対置された『小工業』概念が普及したのは大正時代になってからである」としている。そして1936（昭和11）年に、政府系中小企業向金融機関である商工中金（商工組合中央金庫）[1]が設立されると、その融資対象が中小企業とされた。

　第二次大戦後、政策対象を明確にするために中小企業の範囲が定められたのは1957（昭和22）年の復興金融公庫中小事業部の規定からである。設立当初は資本金100万円以下とされたが、翌1958年には200万円以下に改定された（池田［1995］p.4）。1963（昭和28）年には、中小企業金融公庫法（法律第138号、昭28.8.1）が制定され、その第2条で、中小企業者の範囲は、資本金1,000万円以下、従業員数が300人（商業又はサービス業を主たる事業とする事業者については30人、鉱業を主たる事業とする事業者については1,000人）以下の会社及び個人と定められた。

　そして1963（昭和38）年に中小企業に対する基本的な施策の理念と範囲を明示した「中小企業基本法」（昭和三十八年法律第百五十四号）が施行された。この法律は大企業との格差を是正することを政策目標として、規模の拡大、高度化、近代化などの政策を実施するための基本法であった。中小企業基本法は、「この法律に基づいて講ずる国の施策の対象とする中小企業者は、概ね次の各号に掲げるものとし、その範囲は、これらの施策が次条の基本理念の実現を図るため効率的に実施されるように施策毎に定めるものとする」とし、諸政策を実施するにあたっての中小企業の政策範囲の原則（おおむねの範囲）であることを明示している[2]。そして政策対象たる中小企業者（中小企業及び個人）は業種ごとに、資本金と従業員数の2つの量的基準から定められた。それ

第1章　中小企業の範囲と存立形態

ゆえに「中小企業とは何か」を本質的に示すためではなく、あくまで政策対象とする中小企業の範囲を量的に設定したものである。しかし実際には、圧倒的な多数が対象となっていることから、数的側面からいえば、中小企業基本法の中小企業の範囲は、中小企業政策の除外対象を明らかにしており、事実上、大企業を抽出したものである。

まず中小企業基本法による中小企業の範囲の推移を確認する。

「図表1-1　中小企業の範囲」は、中小企業基本法第2条に定められた範囲の推移を示したものである。また1953（昭和28）年の範囲は、中小企業金融公庫法の定義であり、基本法までの参考として掲載した。

中小企業基本法の最初の改定は、施行から10年後の1973（昭和48）年に行われた。この改定では、①製造業等の資本金（資本の額又は出資の総額）が5,000万円から1億円に変更され、さらに業種分類「商業」が「小売業」に変更され「卸売業」が資本金3,000万円以下、従業員数（常時雇用する従業員の数）100人以下として加えられた。中小企業基本法の範囲の改定に伴って中小企業近代化促進法など16の法律の範囲も改定された。

そして中小企業基本法が抜本的に改定されたのが1999（平成1年）年であ

図表1-1　中小企業の範囲（中小企業基本法第2条）

業種	施行年	1953（S28）＊中小企業金融公庫法	1963（S38）	1973（S48）	1999（H11）	小規模事業所
①製造業、建設、運輸、その他（②〜④を省く）	資本金	1,000万円	5,000万円	1億円	3億円	
	従業員数	300人	300人	300人	300人	20人
②卸売業	資本金		1,000万円	3,000万円	1億円	5人
	従業員数	30人	50人	100人	100人	
③小売業	資本金		1,000万円	1,000万円	5,000万円	5人
	従業員数	30人	50人	50人	50人	
④サービス業	資本金		1,000万円	1,000万円	5,000万円	5人
	従業員数	30人	50人	100人	100人	

＊は中小企業金融公庫法の定義を参考のため掲載したもの

り、この改正では、業種内容が「工業、鉱業、運輸業その他の業種」から「製造業、建設業、運輸業その他の業種」に変更された上で、資本金が3億円に増額された。卸売業においては1億円に、小売業も5,000万円にそれぞれ改定された。さらに小売業（小売業又はサービス業）から「サービス業」を独立させ資本金5,000万円、従業員数100人とした。

資本金額は1999年の改定では製造業の資本金は73年の3倍まで引き上げられた。仮に物価上昇を範囲の設定に反映させなければ、物価上昇はそのまま中小企業の範囲を狭め、その数を減少させることになる。実際に総合物価指数（全国平均、長期時系列データ）を1970年と1999年で比較すると3.2倍となっており、資本金額の増額は物価上昇水準とおおむね一致しており、物価上昇を反映した改定であったことがわかる。一方で資本金額の（上限の）引き上げは政策対象の企業数を増加させるため、結果的に範囲の変更は中小企業比率の固定化の役割も果たしている。

2．規模（量的）基準、質的基準

中小企業の範囲を定める方法には、資本金額、従業員数、売上高など量的に定める基準（規模基準、量的基準）と市場や競争上の地位を基準にする質的基準がある。

わが国の中小企業基本法は量的（規模）基準を採用しているが、（旧）中小企業基本法が、規模格差の是正を理念としていることから、規模を基準にすることは自然である。

一方、米国の小企業法（Small Business Act）は、「中小企業とは、独立所有、独立運営で、所属する業種において独占的な地位を占めていない事業者」［第3条（a）］と、質的な前提（基準）を示した上で、業種毎に従業員数、売上高、総資産などの量的基準を示している。米国中小企業庁企業規模基準局（OSS：Office of Size Standards）は製造業や鉱業では従業員数を、小売業や建設業では売上高を基準とするなど業種毎に詳細に設定しているが、その量的

第1章　中小企業の範囲と存立形態

図表1-2　中小企業の定義の補足

従業員基準	ここでいう従業員は、労働基準法第20条の「予め解雇の予告を必要とする者」（常時雇用者）のことで、正社員に準じた労働形態の場合にはパート・アルバイト・出向者も従業員に含まれる。しかし日雇い、二ヶ月以内の期間労働者、4ヶ月以内の季節労働者、使用者は含まれない。また会社役員や個人事業者の事業者は含まれない。
飲食店の分類	小売業
サービス業の分類	日本標準産業分類第10回改訂版のLサービス業。銀行・ガス・運送業などは該当しない。
農林漁業の扱い	中小企業の定義を満たしていれば中小企業。しかし一般的には農林水産省関連の施策の方が充実しているため、中小企業施策が利用されることは少ない。
医療法人の取扱	法律で明示的に対象とすることを規定している場合を除き、中小企業者ではない。しかし信用保険については、対象となっている。
NPO	中小企業者でない
大企業の子会社	中小企業基本法上は特に規定なし。個別の中小企業立法又は制度の運用基準により中小企業にはならないことがある。制度の運用によってことなる。

（出典）中小企業庁ホームページ（http://www.chusho.meti.go.jp/faq/faq）、FAQ「中小企業の定義について」を編集

図表1-3　中小企業経営承継円滑化法の例外処置

		資本金	従業員数
製造業	ゴム製品製造業（自動車又は航空機用タイヤおよびチューブ製造業並びに工業用ベルト製造業を除く		900人以下
サービス業	ソフトウェア・情報処理サービス業	3億円以下	300人以下
	旅館業		200人以下

商法特例法	資本の額が1億円以下の株式会社で負債が200億円未満である株式会社
法人税法	業種に関わらず資本金1億円以下

基準には質的な基準が裏付けとして存在している。

中小企業の量的基準は小企業規模基準表（Table of Small Business Size Standards、2013年1月7日改定）に46頁にわたって詳細に記載されている。例えば、石油精製業や航空機産業など13業種では従業員基準は1,500人以下となっており、規模そのものの大きさよりも、市場における地位を考慮した上での量的基準が設定されていることが分かる。

量的基準の設定には業種、業態だけでなく、経営環境の変化等を考慮しなくてはならない。例えば、従業員数基準においては、アルバイト、パート、派遣など労働者の雇用形態の多様化から会社の分社化、さらにグローバル展開の状況を考えれば、量的基準での判定もますます難しくなっている。例えば手術用縫合針、歯科用治療器具の分野の世界のトップ企業であるマニー（株）は、国内の従業員数は271人であり、中小企業基本法の製造業の従業員数300人の範囲に入っている。しかしグローバル企業であるマニーは海外の連結子会社を含めれば2,286人（国内従業員比率11.8%）となり、グローバル化の中での量的基準による分類は難しくなっている（マニーの従業員は2013年8月末現在）。

一方、質的基準における市場の支配力も同様に時間の経過とともに常に変化するため、質的基準も操作性において課題があり、政策的範囲を決めるツールとしては単独では使用できない。そのことから質的な定義を理念的に明示した上で、量的に位置づけることが必要となり、米国小企業法のような理念に加え詳細な業種・業態分類が必要となっている[3]。しかしながらこの基準は、あくまで政策対象の特定という手段としての基準であり、政策目的に合わせてその施行細則を定めることは現実的である。すなわち相対的な概念としての中小企業の範囲は、「実際の必要に応じて大企業と中小企業を区分するしかない」（清成［1997］p. 9）のである。

質的基準にはさまざまな基準があるが、必要要件としては「独立性の維持」と「市場支配力を持たない」の2つがある。独立性の維持とはその企業が独立して所有され、経営されていることであり、市場支配力を持たないとは、その事業が存在する市場において、独占的な地位を占めていないことであり、第2

章で詳述するように、中小企業の貢献・役割の中で、競争の対抗力というもっとも重要な役割の一つを基準にしている。しかしながら、山中（1958、p.17）は、「支配的規模なり、最適規模なり、いずれにせよその量的評価に困難がある」としている他、中村（1990、p.175）も非独占企業を中堅企業に改める理由の中で「大企業グループもただちに独占企業と定式化するのは誤りであり、かつ大企業と巨大企業に分けて考察される必要があった」としており、「市場支配力を持たない」という質的基準も、詳細な分析と分類を前提としている。

3. スモールビジネスと企業性特性

　中小企業は、中小企業が大企業に対する相対的な存在として捉えられ、その範囲が法律によって異なっていることから、境界は線ではなくゾーンとして存在する。ここでいう境界は大企業と中小企業の境界であり、中小企業の上限を示している。

　同様に小規模企業（小規模企業者）はおおむね常時雇用する従業員数が20人以下、商業またはサービス業では5人以下の事業者であり、この区分は上限のみを示している。

　小規模企業は中小企業の内数として示され、その多くが限界企業とか生業的経営と位置づけられたことから、経営視点からの研究対象とされることは少なかった。

　『中小企業白書2012年版』付属統計から小規模企業を産業別（企業ベース）でみると、非一次産業では87％を占めており、さらに産業ごとに95％以上を占めている産業を見ると、複合サービス業の99.6％、不動産業・物品賃貸業の97.8％、建設業の96.1％、金融業・保険業の96.0％の4産業があり、逆に70％未満では、電気・ガス・熱供給・水道の64.9％、情報通信業の68.1％となっている（図表1-4）。さらに全国では87％が小規模企業であり、県別に小規模企業の占める割合を見ると、山梨県、和歌山県、高知県では90％以上を占め、愛知県と東京都を除く45道府県において85％を越えている。この数の多さは

図表 1-4　中小企業・小規模企業数と構成比（%）

産業	中小企業 ①小規模企業 企業数	構成比	中小企業 ①以外の中小企業 企業数	構成比	大企業 企業数	構成比	合計 企業数	構成比
①製造業、建設、運輸、その他	958,181	91.0%	91,795	8.7%	2,598	0.2%	1,052,574	100
②卸売業	175,592	72.1%	66,325	27.2%	1,693	0.7%	243,610	100
③小売業	693,604	85.9%	111,558	13.8%	2,531	0.3%	807,693	100
④サービス業	1,837,984	87.1%	266,225	12.6%	5,104	0.2%	2,109,313	100
非一次産業計	3,665,361	87.0%	535,903	12.7%	11,926	0.3%	4,213,190	100

（出典）『中小企業白書2012年版』、付属統計より作成

やはり小規模企業を一塊として考察することには無理があり、さらに別の要因・指標による細分化を必要とする。なぜならば大きな集団を捉えた経営的考察は結果的に多様性に収斂し、具体的な経営戦略などの考察を妨げるからである。

小規模企業を細分化したものとして、小企業と零細企業の分類がある。『中小企業白書1963年版』は、小規模企業を自営業主と家族従事者による生業的企業を中心とする従業者4人以下の「零細企業」とそれ以外の小企業に分類している（『中小企業白書1963年版』第1部第2章第2節3零細企業）。米国においてもAEO（Association for Enterprise Opportunity）が米国センサスからまとめたマイクロ企業統計では雇用者がいないか、雇用者4人以下の場合をマイクロビジネス（micro business, micro-enterprise）としている。またEUの定義では、従業員数10人以下、年間売上高が200万ユーロを超えない企業といずれも量的に定義されている（Official Journal of the European Union [2003]）。

なお小規模企業等の用語について中小企業基本法や中小企業白書における定義を使用する場合には小規模企業・小企業・零細企業を使用し、経営学的視点から使用する場合にはスモールビジネス、マイクロビジネスを使用する。

第 1 章　中小企業の範囲と存立形態

図表 1-5　従業員規模別事業所数・従業員数等

		従業員規模	事業所数	構成比	従業員数（千人）	構成比	出荷額（10億円）	構成比
製造業（2010年）	小規模企業	4-9人	99,883	68.8%	603	17.5%	6,684	6.3%
		10-19人	54,439		742		11,452	
	中規模企業	20-99人	56,674	29.8%	2,276	51.1%	55,394	40.5%
		100-299人	10,093		1,640		61,558	
	大規模企業	300-999人	2,818	1.5%	1,378	31.4%	77,781	53.3%
		1,000人以上	496		1,026		76,239	
	合計		224,403	100.0%	7,665	100.0%	289,108	100.0%

		従業員規模	事業所数（千店）	構成比	従業員数（千人）	構成比	年間販売額（10億円）	構成比
卸売業（2007年）	小規模企業	1-2人	77.2	46.5%	128.8	11.3%	6,466	5.3%
		3-4人	78.4		270.8		15,643	
	中規模企業	5-9人	90.8	52.7%	595.0	71.2%	45,721	59.0%
		10-19人	52.1		695.4		62,742	
		20-49人	27.6		809.9		83,458	
		50-99人	6.1		408.9		52,100	
	大規模企業	100人以上	2.7	0.8%	617.5	17.5%	147,402	35.6%
	合計		334.8	100.0%	3,526.3	100.0%	413,532	100.0%

		従業員規模	事業所数（千店）	構成比	従業員数（千人）	構成比	年間販売額（10億円）	構成比
小売業（2007年）	小規模企業	1-2人	503.8	66.5%	795.1	21.8%	7,251	14.2%
		3-4人	252.7		859.1		11,891	
	中規模企業	5-9人	201.8	32.1%	1,302.2	56.1%	24,012	56.7%
		10-19人	114.4		1,543.1		27,488	
		20-49人	49.6		1,403.7		24,854	
	大規模企業	50人以上	15.5	1.4%	1,676.1	22.1%	39,210	29.1%
	合計		1,137.9	100.0%	7,579.4	100.0%	134,706	100.0%

（出典）『中小企業白書 2012 年版』付属統計資料 8 表、9 表、10 表より作成。付属統計表には、小規模企業、中規模企業などの規模区分表示はない。

一方、スモールビジネス・マイクロビジネスの下限は、それが企業であるか否かにある。清成（1997、pp. 19-20）は中小企業の類型化の一つとして、企業性基準を示した。企業性基準による分類は，①本来の企業、②企業的家族経営、③生業的家族経営、④副業的・内職的家族経営である。①の本来の企業は、「従業員を雇用し、主として利潤の極大化を目的として行動する。（中略）規模的には、中堅企業、中企業、小企業に分かれる」としている。②企業的家族経営とは、「業主と家族従業者の経営であるが、企業としての経済計算が一応確立しており、企業と家計、利潤と賃金は明確に分離している」ものであり、③生業的家族経営は「企業以前の存在であり、利潤と賃金、営業と家計がそれぞれ分離していない。経営の動機は生活費としての業主所得の極大化である」としており、生業的家族経営を企業として見なしていない。④副業的・内職的家族経営については、あくまで家計補助であり、しかも実質的な賃労働であること、通常は業務内容が断続的であることを考えると、企業ではない。このことから清成［1997］は、中小企業の下限は②企業的家族経営にあるとした。また山中（1963、pp. 14-16）は、中小企業の下限に関する成立条件の考察において、企業であるか否かを「資本による経済計算を始源的存立条件とし、①家計・経営の未分離、②帳簿組織の欠如、③家族労働の存在の要件を充たすものを企業資質以前のものとしている。このように清成［1997］と山中［1963］をはじめ大半は「利潤と賃金が明確に分離している」ことを企業としての条件としている。

　しかし家族経営を中心とするマイクロビジネスにとって利潤（利益）と賃金（人件費）を明確に分離する必要があるかには意見が分かれる。伊丹（2007a、pp. 50-58）は、企業とは「製品・サービスの提供を主な機能としてつくられた、人と資源の集合体で、一つの管理組織のもとにおかれたもの」とし、「屋台のラーメン屋さんや近所の八百屋さんから、トヨタ自動車のように日本を代表するメーカー（中略）まで入る」としている。さらに企業は、購入したインプットから付加価値を生み出すために、企業は労働投下と資本投下を行うとし、「利益」は資本の投下に対する報酬の計算のための概念、「人件費」は労働

投下に対する報酬の概念であり、付加価値と区分している。すなわち「付加価値＝営業利益＋人件費」と定義している。通常、スモールビジネス・マイクロビジネスは「所有と経営が未分離」であり、特にマイクロビジネスは、経営と家計の分離がされていない生業的企業（self-employed、sole proprietorship）が中心で、自己資本、自己雇用が中心である。資本による利益と労働の対価としての人件費の区分はなく、付加価値を中心に経営（生業）を維持している。それゆえ利潤と賃金、営業と家計の未分離を持って企業性がないとするのではなく、付加価値概念によってスモールビジネス・ミクロビジネスを企業の範疇とすることができるのである。

4. 中堅企業の範囲

　中小企業経営の視点から中小企業の範囲を設定するには、既に述べた企業性特性を踏まえて、広義の中小企業をさらに中堅企業―中企業―小企業（スモールビジネス）―零細企業（マイクロビジネス）などのように細分化する必要がある。小規模企業、小企業（スモールビジネス）、零細企業（マイクロビジネス）については第2章、第3章で詳述することとし、ここでは中堅企業についての定義と範囲を示す。

　中堅企業とは、中小企業の範疇で捉えられることが多いが、中小企業基本法において法的に規定された用語ではない。あくまで施策対象として大企業と中小企業の双方に位置する中間企業として捉えられているが、現在では大企業の範疇に属し、そのマネジメントも中小企業よりは大企業のマネジメントに類似点が多い。例えば日銀短観（全国企業短期経済観測調査）では総務省「事業所・企業統計調査」をもとに、常用雇用者数50人以上（卸売業、小売業、サービス業、リース業は20人以上）の民間企業（金融・保険業を除く）を母集団として、業種別および規模別に標本調査し、この規模区分として大企業、中堅企業、中小企業の3分類が使用されている（図表1-6）。この中堅企業の範囲はいずれも中小企業基本法では大企業に分類される規模である。一方、経

図表 1-6　日銀短観に用いられる規模

	卸売	小売、サービス、リース	その他の業種
大企業	1,000 人以上	1,000 人以上	1,000 人以上
中堅企業	100～999 人	50～999 人	300～999 人
中小企業	20～99 人	20～49 人	50～299 人

(出典) 日本銀行調査統計局「統計の概要」(2001 年 12 月)

済産業省の各種緊急対策では、資本金3億円から10億円程度の中堅企業[4]、5億円未満の中堅企業[5]などと対策・支援策に応じて規定され、やはり中小企業と大企業の境界に属する大企業がこの施策対象となっている。一方、内閣府「法人企業動向調査」と財務省「財務省景気予測調査」の共管調査では、中堅企業を資本金1億円以上5億円未満と5億円以上10億円未満の2分類から構成しており、前者は境界の中小企業、後者は境界の大企業となっている[6]。このことから中堅企業は中小企業と大企業の境界にある大企業である。

中堅企業は、中村(1990、pp.176-179)が『中堅企業』において示した概念である。中村は、問題型中小企業認識論が主流をなしていた中小企業観に対し、問題を持たない中小企業群の存在を明らかにした。中村の中堅企業とは、①(大企業の関連会社でなく)独立会社であること、②証券市場を通して社会的な資本調達が可能であること、③個人・同族会社としての性格を強く持つこと、④製品が独自の分野で高い生産集中度・市場占拠率を持つ、という4つの特性を示し、その成長過程も大企業のシェアを奪うのではなく、市場の拡大とともに成長した企業であるとしている。これを清成(1997、pp.31-32)の中小企業の特徴である①所有と経営の未分離、②同族経営、③資本調達の非公開性、④経営者の労働過程への参加、⑤経営者や従業員の役割の大きさ、⑥経営者の従業員の把握、⑦独立性と比較すれば、中堅企業が証券市場でも資金調達が可能であるのに対し、中小企業には資本調達の非公開性を示していることから、「経営と所有」の形態において両者は異なり、ここでは規模的基準というよりも質的基準によって特徴付けられている。

5. まとめ

　本章は、まず中小企業の範囲の中で政策的な範囲の推移を確認した。この範囲は政府系中小企業向金融機関である商工中金、復興金融公庫の貸出対象を中小企業の範囲として援用することからはじめ、政策的範囲として法律に基づいた範囲として、旧中小企業基本法、改定中小企業基本法、そして新中小企業基本法で規定された範囲の推移を確認した。

　そして政策的運用に適している量的（規模）基準がグローバル化や雇用形態の変化の中で制約が出てきていることを確認した。一方で質的基準ではアメリカの小企業法とその理念である市場の支配力の意味について検討したが、質的基準が操作性において難があることから、政策理念としての質的基準と政策手段としての量的基準の2つの視点での範囲設定が必要であることを示した。

　次に中小企業が大企業に対する相対的概念であることをふまえ、企業性特性等から、中小企業の範囲の検討を行った。ここでは中堅企業、小規模企業（スモールビジネス）、零細企業（マイクロビジネス）の位置づけについて考察し、中堅企業は大企業と中小企業の境界にある大企業であること、マイクロビジネスは、経営と家計の分離がされていない生業的企業が中心であるが、自己資本、自己雇用が中心である以上、資本による利益と労働の対価としての人件費の区分の必要はなく、付加価値を中心に企業経営を行っていくことで企業としての位置づけを保持しており、中小企業の範疇（中小企業の範囲の下限）であることを示した。

【注】

(1) 商工組合中央金庫（通称：商工中金）は、昭和11（1936）年に商工組合中央金庫法にもとづき設立された、中小企業金融を専門とする政府関係金融機関。商工中金が「中小企業の中小企業による中小企業のための金融機関」とされるのは、政府（79.6%）と民間（出資資格を持つ中小企業等協同組合、協業組合、商工組合、商店街振興組合などの団体）の共同出資であることによる。2008（平成20）年10月1日より協同組織金融機関から特殊

会社（特別の法律にもとづく株式会社、株式会社商工組合中央金庫）化した。商工組合中央金庫法も株式会社商工組合中央金庫法に改廃された（商工組合中央金庫［2009］。政府保有株式の処分開始時期は東日本大震災への対応等によって平成27年4月1日（平成23年5月改正後）とされている。また中小企業向けの政府系金融機関には日本政策金融公庫（日本公庫）がある。
(2) 中小企業基本法の中小企業者の範囲は原則であり、施策毎に対象範囲が定められている。「中小企業の新たな事業活動の促進に関する法律」の逐条解説（平成18年7月4日）では「中小企業者の範囲を定めることによる弊害を避け、経済環境の変化や業種業態に応じて機動的に定義することを可能にする」ための処置とされており、同様の扱いとして「独立行政法人中小企業基盤整備機構法」、「中小企業団体の組織に関する法律」、「官公需についての中小企業者の受注の確保に関する法律」、「中小企業における労働力の確保のための雇用管理の改善の促進に関する法律」、「中小企業支援法」、「産業活力再生特別措置法」等を挙げている。また法人税法における中小企業軽減税率の適応範囲は資本金1億円以下でありここでも異なった範囲が設定されている。
(3) 「中小企業研究を個別に検討してみると、そのほとんどすべては、何らかの意味での『量的基準』に基づく『中小企業』概念を念頭に置きつつ進められている、といっても過言ではない。(中略) 基本的に重要なのは、『量的規定』そのものではなく、『量的規定』の内側にひそむ『質的規定』であり、『質的規定』がなされてはじめて『量的規定』は意味を持ちうる（以下略）」瀧澤（1996、p.7）。
(4) 2008年度と2009年度に行われた「生活防衛のための緊急対策」の企業向け資金繰り支援の一環として、商工中金を通じ、中堅企業向けの長期低利融資で用いられた基準。
(5) 経済産業省の足利銀行破綻に関わる中小・中堅企業金融対策（平成15年12月15日）において、「破綻金融機関等の融資先である中堅企業者に係る信用保険の特例に関する臨時措置法」に基づき、中堅企業者（資本金5億円未満）を特例として信用保証の対象とするものとされた。
(6) 内閣府「法人企業動向調査」と財務省「財務省景気予測調査」の2つの調査を、調査の効率的実施などを図るために一元化し、共管調査として平成16年度から新たに開始した統計調査（財務省「法人企業景気予測調査」の調査概要、調査の沿革）。

第2章 中小企業本質論と中小企業政策

「中小企業とは何か」を問うことを中小企業本質論という。中小企業が、経済社会の中で果たしてきた役割とは何か（社会的存在としての中小企業）、なぜ中小企業を対象にした政策を立案し実行するのか（政策対象としての中小企業）、なぜ大企業と区別して中小企業を研究するのか（研究対象としての中小企業）などさまざまな視点がある。

これらの認識は（大企業ではなく）中小企業のみが果たすことのできる役割があるからこそ、（大企業と区別して）中小企業を認識する必要があることを前提にしている。

本章では中小企業がどのように捉えられてきたかを「問題型中小企業認識論」と「貢献型中小企業認識論」の二つの視点から確認した上で、中小企業が社会経済的に果たしている役割についてまとめる。

1. 淘汰問題型中小企業認識論

中小企業が中小企業として認識されたのは、大企業（工場）の出現によってであった。工場は、規模の生産性を発揮できる領域において、工業や家内工業といった在来型産業を圧倒する力を持っていた。工場の出現は、大多数の労働者にとっては仕事を奪われる失業の危機、収入が途絶えることによる家計の危機であった。このことから大企業（工場）によって生活基盤である仕事場（手工業や家内工業）が淘汰されてしまうという大企業問題（大企業の視点からは中小企業問題）が起こった。これが、中小企業が最初に認識された視点（淘汰

問題型中小企業認識）である[1]。しかし現実には、小工業[2]は淘汰されることもなく、逆に大企業とともに増加していった。

そこで次に淘汰されるはずの小工業がなぜ存続し、ましてなぜ増加しているのかを考える「残存問題型中小企業認識論」が登場した。淘汰問題は多数の小工業が退出することによって起こる経済・社会的問題を起点としているが、残存問題型認識論は、存続（残存）理由の究明と小工業が大企業でないがゆえに抱えている問題（小工業問題）への対応策の両面を持っていた。

わが国においても明治政府は欧米から機械制工業を移植する殖産興業を推し進めた。この殖産興業の中心は海外からの技術導入を中心とした製鉄、造船、紡績・製糸などであり、在来工業[3]と直接競合する分野ではなかった。しかし明治政府は「商工業活動を自由化し、『協調』よりも『競争』による進歩を奨励した。この結果、在来工業の分野に大量の零細業者が参入し、粗製濫造や投げ売りが繰り返され、市場は大きく混乱した」（商工組合中央金庫［2009］p. 68）。さらに在来工業にも徐々に機械化が浸透することで、機械を導入できない中小企業は苦境に陥った。これが中小企業問題として「経営逼迫化問題、金融問題、下請け問題、輸出問題、転失業問題、社会・労働問題」と広がり、中小企業は、それらの問題を持った存在として認識・位置づけられていった（瀧澤［1996］p. 9）。

この状況を岡田（1990）によって確認すると、1909年には大規模工場は84件、1,000人を超える大工場は5しかなかったが、大正8年には288件、1,000人以上の工場は31まで増加していた。同時に、29人以下の小工場は2,229から4,922と大幅に増加していた（図表2-1）。さらに岡田（1990、p. 181）は「職工5人以下のものは統計にあらわれないが、彼らを加えれば、さらに（中小工業は）その比率を高めるものと推察される」（（　）内は筆者が追記）としている。

このように中小企業は、個別の企業が直面していた問題は別として経済社会全体では経済成長によって大企業とともにも増加していった。

図表 2-1　工場数および職工数の推移

職工数（人）	1909年 明治42年	1914年 大正3年	1919年 大正8年
5-9	1,434	1,733	2,806
10-29	795	1,007	2,116
30-49	123	158	406
50-99	90	125	284
100-499	73	86	228
500-999	6	14	29
1000-	5	11	31
計	2,526	3,134	5,900
職工数	9,011	98,619	244,386
動力使用工場	1,175	1,933	n.a
動力未使用工場	1,315	1,202	n.a

（出典）岡田（1990, p.181）、工場数は表3、職工数は表2、動力は表4より作成

2．残存問題型中小企業認識論

　大規模経済利益を持たない中小企業が多数残存する主な理由には、①生物学的説明、②不完全競争的説明、③適度規模的説明、④非経済的説明、⑤大企業と中小企業の支配・利用関係がある（瀧澤［1967］pp.186-187）。大企業と中小企業の関係には、中小企業の存立を経済合理的な存在とする視点と非合理的とする視点があり、前者は、ホブソン（J. A Hobson）の「真の存続（genuine survival）」に該当するものであり、生物学的説明の一部と適度規模的説明、後者には大企業による中小企業の支配、下請けなどが含まれる（瀧澤［1967］pp.214-226）。

(1) 生物学的説明

　代表的な論者は、A. マーシャル（Alfred Marshall）の森の比喩と代表的企業（representative firm）の説明である。マーシャルは『経済学原理（第2版）』(1891)[4]の中で経済社会を森に、中小企業を苗木や若木にたとえた。若木は成長の過程で多くが倒れるが、生き残った木はどんどん伸び若木は成長し大木となる。しかし、やがて成熟し、枯れて新しい木と世代交代していくとしている[5]。マーシャルの森の比喩はゴーイングコンサーン（going concern）を前提とする経営学的な視点とは相容れない側面を持っていること、誕生―成長―成熟―衰退といったプロトタイプ的ライフサイクル（Prototype Product Life Cycle）はむしろ例外的である点において違和感がある。しかし、新規創業企業の生存率の低さ（ハザードレートの高さ）、規模の拡大と成長による退出率の低下、企業の寿命説などの企業存続の研究成果[6]との整合性もあり、感覚的にも理解しやすい説明である。さらに生物学的説明は、組織規模と成長率の差など中小企業の発展・成長の視点や、経済構造改革における中小企業の役割、そして創業・起業の視点においても用いられている（『中小企業白書2002年版』p.85）しかも中小企業が構造的に中小企業であり続けるという「滞留論」に対して「ダイナミックな階層移動（中小企業のバイオロジー）」（清成[1997] pp.97-98）の視点は有用である。

(2) 不完全競争的説明（the solution of imperfect competition）

　現実の経済社会は、多数の企業による完全同質性、完全流動性のもとで完全な知識や情報が流通している完全競争のもとで行われているわけではない。それゆえに価格は限界費用を上回る価格で設定され、最低平均費用水準を下回る規模で操業することが可能となり、中小企業は存続（残存）するとする説明である。チェンバレン（Edward H. Chamberlin）[1933]やJ. ロビンソン（Joan Violet Robinson）[1933]が代表的である（瀧澤[1996] p.18）。

　またフローレンス(P. S. Florence)は、スモールビジネスの残存が輸送費などのような経済合理的な要因だけではなく、消費者や市場の需要の慣性（愛

着、適合の遅れ）、人間である消費者や生産者の行動の非経済的合理性によって生み出される不完全的競争に着目している（瀧澤［1967］p. 272-279）。

　すなわち中小企業の残存理由として「規模の経済性と差別化を対立的にとらえ、規模の経済性の達成を妨げる主要な要因は、消費者の予期せざる選択行為であり、新しい商品が技術的に非能率な規模での生産を生じさせた（三宅［2009］p. 86）」としている。ここでいう予期せざる行動とは、「人間が持つ好き嫌い、気まぐれ、惰性、賭博心や法律、制度、風俗、習慣、道徳、戒律など経済合理的行動を妨げている要因（瀧澤［1996］p. 18）」であり、このような非経済合理的な行動が結果的に中小企業を存続せしめているという説明である。しかし次の（4）の大企業と中小企業の関係と異なり、成熟社会においては充分に説明可能な「真の存続」に該当する側面も持っている（詳細は需要貢献型の中で述べる）。

(3) 適度規模（optimum size）

　適正規模について E. A. G. ロビンソンは「最小費用で最大の成果をえることが産業能率（industrial efficiency）」であると規定したうえで、「現存の技術及び組織能力の状態において、長期的に見た場合のすべての費用を含んだ製品1単位当たりの平均費用が最低の企業」であるとしている（佐竹［2008］p. 88）。そして適正規模を決定する要因として①技術的要因（The optimum technical unit）、②市場的要因（The optimum marketing unit）、③金融的要因（the optimal financial unit）、④管理的要因（optimum managerial unit）、⑤危険負担及び景気変動要因（The influence of risks and fluctuation）の5つを挙げ、特に重要なものとして、①技術的要因と④管理的要因をあげている。①の技術的要因としての適正規模は、最大効率を上げるための下限を示し、一方の④管理的要因は、効率的管理範囲としての上限を示したものである（佐竹［2008］p. 89、瀧澤［1967］pp. 244-256）。

　また③金融的要因は貸出リスクの高さを反映した高い金利によって中小企業に不利となる要因であるが（Penrose［1995］邦訳 p. 306）[7]、②市場的要因に

おいては中小企業も組織化によって克服が可能であり、⑤危険負担及び景気変動要因については、敏捷性（agility）の発揮によって克服することが可能である。

現実には、日本標準産業分類細分類の中で製造出荷額の 70% 以上を中小事業所が占める中小企業性業種が過半数を超えていることを考えると、繊維・衣服、食料品、木材、木製品、家具・装備品、皮革などにおいて適正規模との関係で中小企業が優位を持っている業種が多く存在していることが分かる（佐竹 [2008] p. 79）[8]。

佐竹（2008、p. 103）は、適正規模を実証することの難しさを指摘した上で、測定方法について「『適正規模』計測を目的とするのではなく、むしろ社会的分業の観点から、いわゆる中小企業業種を取り上げ、その業種を『適正規模』が中小規模に存在する業種であるとし、業種別に実態に即した存立条件を比較検討することが必要になる」としている。

また『中小企業白書2002年版』（p. 64）は、最低適正規模の計測方法としてリヨンズ（Lyons [1980]）の産業の平均事業所規模/0.75 を最小最適規模とする簡便な方法を用いている[9]。

図表 2-3　平均費用関数

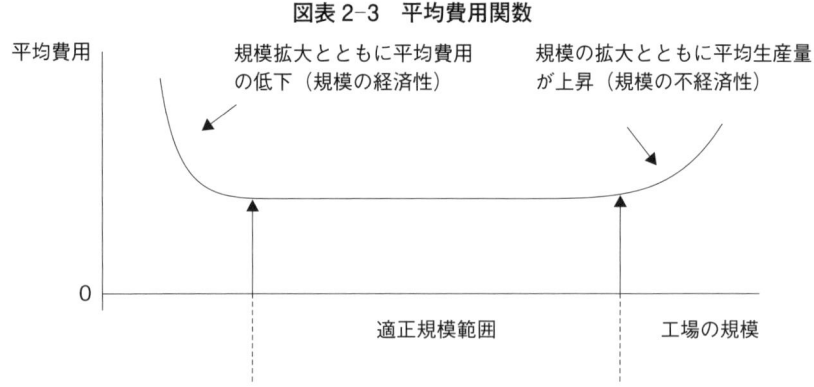

平均費用

規模拡大とともに平均費用の低下（規模の経済性）

規模の拡大とともに平均生産量が上昇（規模の不経済性）

適正規模範囲　　工場の規模

（出典）『中小企業白書 2002 年版』p. 64、第 1 図を一部修正・加筆

(4) 大企業と中小企業の関係（支配と相互依存関係）

　大企業と中小企業の関係には、非経済合理的で真の存続に該当しないものである大企業の支配下にある下請[10]、低賃金・長時間労働などと、大企業と中小企業が相互に分業体制の中で経済合理的に相互関係を持つフランチャイズ・システムなどの形態が含まれる（Dicke［1992］）。政府によるさまざまな保護、もしくは支援活動も同様に真の存続でない企業群を存続させる要因として考えられる。

3. 格差問題型中小企業認識論

　格差問題型の格差とは、大企業でないがゆえに発生する、企業活動を不利にする要因に焦点をあてた考え方であり、金融格差、生産性格差、賃金格差などがある。1931年、英国のマクミラン委員会（Macmillan Committee：Report of the Committee on Finance and Industry）が指摘した中小企業の資金調達面における不利である金融格差（マクミラン・ギャップ）がこの典型である。英国では、マクミラン・ギャップ解消のために、1945年に商工業金融会社（ICFC：the Industrial and Commercial Finance Corporation）[11]が設立されたが、結果的にこれらは十分に機能せず1950年以降の経済力の集中（寡占体制の進展）と経済成長力の鈍化を招き、英国病（Sick Man of Europe）の原因となった。

　格差問題型中小企業認識論の代表的な事例は、わが国の二重構造論である。しかもこの二重構造論は、結果的に中小企業基本法をはじめ、政府の中小企業施策の支柱となっただけでなく、その後の雇用形態・社会意識にまで大きな影響を与えた。

　二重構造論は有澤広巳によって提唱された仮説であり、『経済白書1957年版』から一般化した。有澤は経済復興を果たした日本の現状について、中小企業や小型経営などの非近代的な分野の停滞性が就業構造を停滞的に留めているし（清成［1997］p.68）、『経済白書1957年版』も同様に「先進国においては

失業者の比率が3％より少なければ完全雇用と称している。それならば我が国の雇用は満足すべき状態なのであろうか、決してそうではない。なぜなら、我が国のように農業や中小企業が広汎に存在する国では、低生産性、低所得の不完全就業の存在が問題なのであって、先進国のように雇用状態を完全失業者の多寡でははかることができないのである」と後進性を強調している。結果的に4章で述べるように、就業構造上、従業員社会を是とする考え方の形成を促した。

清成（1997、pp.68-69）はこの二重構造論の要点を以下の4点にまとめている。すなわち（1）不完全雇用が「二重構造」形成の原因となっている。(2) 欧米先進国は「単一で同質な構造」を持っている。(3) わが国経済の量的な発展は急速であるが質的な発展（工業の単一化）という面で非常に遅れている、(4) 非近代的分野は停滞的であり、この停滞性を打破する力は経済の内部にはなかなか芽生えていない。したがって「二重構造」の解決は困難、である。

さらに清成（1997、pp.69-70）は、二重構造論は多くの矛盾を抱えており、特に①二重構造の後進性が強調され、二重状態と異なる先進性が見逃されている、②欧米の単一構造の意味が不明確、そして③「非近代的部門が、近代的部門の発展に寄与しているのか、あるいはその発展を制約しているのか、二重『構造』という以上にこれは重要な論点」と指摘している。特に近代的分野と非近代的分野が、明治から大正初期の殖産興業時代の官営工場と町工場のように、もしくはGalbraith（1967）の計画化体制（大企業部門）と市場体制（中小企業部門）とする二重状態との意味の違いを明確にしている。この相互関係は日本経済の発展にとって要であり、中小企業部門は前近代的で停滞的であるのに対してなぜ大企業が発展できたのかという命題にもなる。また構造的であるということは、停滞性を打破する力が経済の内部に存在しないことを前提としているが、「明治以降のわが国の経済発展は中小企業を担い手とする内発的な発展によって支えられてきた。停滞どころか発展してきた」（清成［1997］p.69）という事実が見逃されている。実際に、中小企業は大企業の制約どころか大企業の要請を充たすほど有能な存在であったし、非近代的部分も近代的部

第2章　中小企業本質論と中小企業政策

分に貢献してきた。しかも大企業と中小企業が密接な関係を持つことの先進性は十分に認識されている（清成［1985］p.53）。これを1986年から96年の規模間移動で確認すると、86年の中小規模事業所のうち99.8%はそのまま中小規模に留まっているが、0.2%は大規模へ移動している。同様に大規模事業所のうち21.2%は中小規模へダウンサイジングをしている。その結果1996年の大規模事業所内の構成では、71.8%が大規模事業所から、15.2%は中小規模事業所から、そして未開業から13%となっており、停滞する存在でないことを裏付けている（図表2-4）。

　小宮山琢二［1941］も中小工業問題は人口問題・労働問題というよりもむしろ、工業生産上の問題であり、現実を革新する力は次々と中小企業部門の中から生まれた。過多性から出発するのではなく、異質性から出発すべきでないのか、としている[12]。

　結果的に「低賃金に依存し、低生産性を長時間労働でカバーするタイプの中小企業が消滅し、これに代わって、高い専門能力によって高い生産性をあげ高い賃金を支払いうる中小企業が数多く登場することによって二重構造は解体が進むことになる（清成［1997］p.93）」のである。

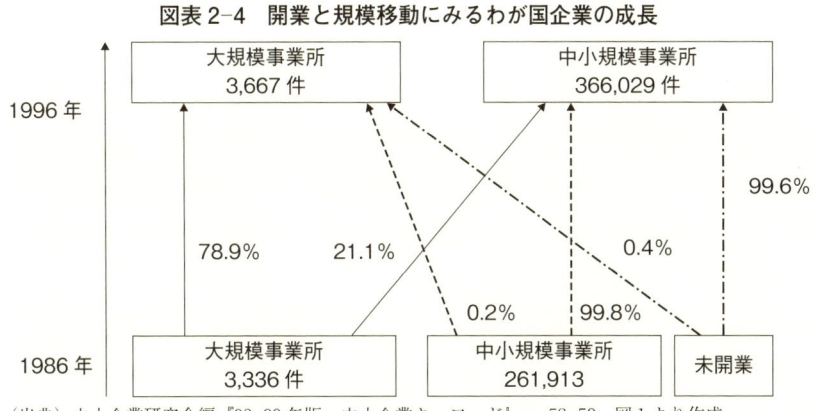

図表2-4　開業と規模移動にみるわが国企業の成長

1996年	大規模事業所 3,667件	中小規模事業所 366,029件	
	78.9% ↑　21.1% ⇢	0.4% ⇢	99.6% ⇡
		0.2% ↗　99.8% ↑	
1986年	大規模事業所 3,336件	中小規模事業所 261,913件	未開業

（出典）中小企業研究会編『98-99年版　中小企業キーワード』pp.58-59、図1より作成

4. 貢献型中小企業認識論

　問題型中小企業認識論は中小規模であるがゆえに生起するさまざまな問題から出発したのに対し、貢献型中小企業認識論は、中小企業だけが果たすことができる役割を視点にした認識論である。ここでは瀧澤（1996、pp. 19-25）の分類①開発貢献型、②需要貢献型、③競争貢献型、④苗床貢献型をもとに整理した上で、まとめとして1971年のボルトン委員会の報告を取り上げる。

(1) 競争貢献型
　米国のスモールビジネスの定義は、独立性と市場支配の2つの要件が基礎となっている。これは、米国が建国以来の理念である「自由と独立」を基盤とし、独占は自由と独立を阻害するものとされてきた。独占の弊害を防ぐためには、独占禁止法などの法律だけでは不十分であり、健全な対抗勢力としての多数、活力ある多数としての中小企業が必要とされた。すなわち、中小企業は公正で自由な競争基盤を支える競争貢献の役割を担っている。

(2) 需要貢献型
　大規模経済利益の基礎は、大量生産、大量流通、大量販売を基礎としているが、消費が成熟すると、消費者は量産品など画一化された製品やサービスだけでは満足することはできない。成熟社会では、消費者は、衒示的消費（誇示的消費：conspicuous consumption）だけでなく、購買するさまざまな商品に自分を反映させる商品と機能のみを重視するジェネリック商品（generic goods）を区別して購買する（Maison [1996]）。ジェネリック商品以外の商品は、より消費者の選好を商品に具現化するために多品種少量生産されることから、規模の生産性は働きにくい（小嶌 [1990]）。しかも激しい競争を反映して次々と生み出される商品は、ライフサイクルを短縮化させ、規模の生産性の働かない分野の拡大は、中小企業の領域の拡大を意味する。

またFlorence（1933、pp.59-60）は「多くのスモール・ビジネスが残存しているのは、つねに個人的に接触している顧客が要求する的確でしかも信頼のおけるサービスを提供するからであり、とくに生産者である顧客に対して仕事をするスモール・ビジネスの場合にはそうである。たとえどんなに無理であっても、引渡期日を取引先企業に約束し、その約束をまもる。またかれらスモール・ビジネスは、（通常は無理と思われる）標準的でない品質やデザインのものを要求どおりに生産し、顧客の不満がたとえどんなに間違っていることであってもその不満に応じている。このように、些細なことや周囲の状況に細かい注意をはらい、それらに適合しつつ、大量生産の入り込む余地のない顧客関係を根気よく築き上げるには、強くしかも直接的な刺激が必要である」（瀧澤［1967］p.274）。このように中小企業は消費者の需要を充たすことに貢献している。

(3) 開発貢献型（地域貢献型）

開発貢献型とは、中小企業特性を活かした地域開発への貢献の役割を示している。瀧澤（1996、p.21）は発展途上国への経済開発を念頭に「(a) 中小企業の大部分は労働集約的なので、投資額単位当たりの雇用吸収力が大きく、失業改善効果が大きい、(b) 中小企業は全国各地に多数存在し、また多数設立可能なので、中小企業の振興は貧困の『底上げ』的改善をもたらし、地域間の不均衡や貧富の格差を是正する、(c) 中小企業の振興は、中小企業による大企業の補完を拡充・強化し、大企業の発展を通して国全体の経済開発促進に貢献する、(d) 中小企業の技術は、大企業の先端技術（ハイテク）と既存技術・単純明快な技術（ローテク）の中間にあることから移転が容易であり、また発展途上国に適している（地域に適合した技術）ので、国全体の技術水準を向上させる」の4つを挙げている（Schumache［1973］）。

この4つの経済開発に対する役割は国内の地域開発にも当てはめることができる。すなわち地域開発の担い手としての中小企業の役割であり、地域を職場と生活の両面から支える役割である。小売業をとってみても、広地域を対象に

した大型ショッピングセンターだけでは高齢者の生活を支えることは難しく、地域小売業の役割が見直されていることからもいえる。2011 年の東日本大震災後の職住接近に関する意識変化からも地域への関わりの増加は地域企業である中小企業の地域貢献の再考に繋がっている。

(4) 苗床貢献型

ここでいう苗床とは、スモールビジネスが、新技術、新製品、新サービス、新企業、新産業を生み出す苗床（breeding ground）として機能する役割である。

T. J. Prusa と J. A. Schmitz（1990）は、「新規開業企業が 1982 年から 87 年の 5 年間で技術の進歩に重要な貢献をしたかどうかをソフトウェア産業で調査し、既存のカテゴリーでは既存企業が競争優位を発揮したのに対し、新規のカテゴリーでは、新規開業企業が競争優位を持っていること」を示した。これはスモールビジネスが、シュンペーター（Joseph A. Schumpeter）の創造的破壊の担い手であるイノベーターとして、新産業を創造する苗床としての役割を果していることを示している。

この貢献型中小企業認識論は 1971 年の『ボルトン委員会報告（イギリス中小企業問題諮問委員会報告）』(The Bolton Report：Report of the Committee of Inquiry on Small Firm) にまとめられた 6 項目に集約される。すなわちスモールビジネスは、①独立開業機会を提供する。そのためにも起業家が自分の企業を創設する権利を保障された誕生権経済（birth right economy）を維持しなくてはならない。②適度規模での効率的活動を実現する（需要貢献型、適度規模的説明）、③多品種少量需要への効率的対応（需要貢献型）、④効率的な部品の生産・加工、中間組み立てによる大企業の補完（需要貢献型：大企業との相互関係）、⑤経済集中化阻止と競争促進（競争貢献型）、⑥新しい製品・技術・サービスの源泉（需要貢献型）である。

このボルトン委員会報告は、英国病からの脱却にはスモールビジネスの役割

の見直しが必須であり、スモールビジネスの経済社会への貢献こそが英国社会の沈滞を打破する力になることを示した。

5. 中小企業の役割の見直しと新中小企業基本法

　(旧)中小企業基本法は格差問題型認識論にもとづいたものであり、その理念は諸格差の是正におかれた。政策の課題は、大企業との生産性、賃金等の格差の解消であり、政策理念は、経済的弱者としての中小企業の底上げの各種施策の実施にあった。そして政策目標として生産性の向上策としての中小企業構造の高度化、取引条件の向上として事業活動の不利の是正が取り上げられたが、これらは中小企業の規模の拡大を土台にすることから、中小企業の規模拡大・高度化政策というよりも「脱中小企業政策」であった。

　1963（昭和38）年から1998（平成10）年までにGDPがおよそ4倍となるなど「大企業と中小企業の雇用者の所得水準等の間には格差が依然として存在しているものの、かつてこれが『低生産性と低賃金の悪循環に陥っている問題ある存在（昭和32年経済白書）』として、社会政策的側面を含めて問題として認識されていた状況とは大きく変化」（『中小企業白書2005年版』p.178）していった。すなわち、経済成長の結果、格差は労働者の貧窮などの社会問題を意味するものではなくなった。しかも経済の成熟は消費者の嗜好を変化させ、量の確保から質の追求へ転換することで、小規模であるが個性的な企業が活躍する機会が増大し、画一的弱者というマイナスイメージ（中小企業像）を前提とする底上げ施策よりも、中小企業の成長段階や取り組む事業活動に応じた弱みを克服し、持てる強みを発揮するような政策体系へ再構築が行われた。

　この中で中小企業の役割の転換を明確に示したのが、『90年代の中小企業ビジョン』である。このビジョンでは、中小企業に期待される役割として、①「競争の担い手」として独立多数の中小企業が大企業と競争することで市場は活性化し、経済社会の健全な発展が確保される、②豊かな国民生活への寄与として多様なニーズを感得し、商品やサービスの提供を通じて生活文化を提案す

ることにより、国民生活にうるおいを与え、新たな文化の創造に参画する、③社会全体の創造的挑戦の雰囲気を醸成し、経済社会の活力の源泉としての創造的挑戦の場、人間尊重の社会への貢献、④地域のコミュニティーづくりや文化活動への提案などを通して、個性ある地域作りへの貢献、⑤草の根レベルの国際化の担い手、という5つの役割を示している（中小企業庁［1990］pp. 4-7）。さらに中小企業政策の基本的な考え方として①中小企業の自助努力への支援、②公正な競争条件の整備、③中小企業の多様性を踏まえた政策の展開、④ネットワークの重要性が高まる中での新しい組織化政策の推進、⑤効率的でわかりやすい政策体系の構築を示している（中小企業庁［1990］pp. 20-24）。

　1995年には『アメリカ中小企業白書』（The State of Small Business：A Report of the President 1995）が「中小企業は、経済成長と米国経済の健全性に対する有形、無形の貢献を続けていくのである。中小企業は雇用を創出し、技術革新を生み出しつづける。企業家あるいは中小企業オーナーになるという機

図表2-4　中小企業基本法の改定

	旧中小企業基本法 1963（昭和38）年	新中小企業基本法 1999（平成11）年
政策理念	格差の是正 企業間における生産性等の「諸格差の是正」	多様で活力ある独立した中小企業の育成・支援 結果としての格差の存在は是認
政策目的	生産性の向上（中小企業構造の高度化） 取引条件の向上（事業活動の不利の是正）	経営基盤の強化 創業・経営革新に向けての自助努力支援 セーフティネット
政策対象を画する視点	結果平等：企業間格差の底辺構造に位置すること（事業活動の結果として存在する事後的な格差に着目） 格差及びその是正能力の有無は企業規模によって変化	機会平等：成長・発展を図る上で必要となる経営資源へのアクセスの困難性の有無（市場において営業活動を展開するに際してのイコールフッティング確保の必要性に着目） 経営資源へのアクセスの困難性は企業規模によって変化

（出典）中小企業庁［2000］p. 23、図表1-22に一部加筆

会は、アメリカンドリームを具現化していく過程に見られる重要な一部でありつづけるであろう（邦訳 p.66）」と競争的役割に21世紀の役割を加えた。また『中小企業白書1995年版』も90年代のビジョンを踏まえて中小企業の役割を示した。

そして新中小企業基本法は「中小企業の柔軟性や創造性、機動性に着目し、中小企業こそが我が国経済の発展と活力の源泉であり、中小企業の自助努力を正面から支援」（三井［2000］）するとし、中小企業に期待される役割として、①中小企業は革新的な技術の製品化、新業態、そして新ビジネスモデル創出などイノベーションの担い手として「新たな産業を創出する」、②企業家精神の発揮、自己実現の場として「就業機会の増大」をはかる、③市場競争を促進する、④地域産業、地域社会への貢献によって「地域経済を活性化する」が求められることになった。

政策体系の基本も、（旧中小企業基本法の）設備の近代化や企業規模の適正化から、経営革新の促進、創業の促進など「自ら頑張る企業への支援」に大きく変化した。すなわち旧中小企業基本法の格差是正の「結果平等」から、企業の創業・成長において、創業の機会、必要な経営資源へのアクセスなど等しくチャンスが与えられているという「機会平等」への意識転換が起こっていった。

6. スモールビジネス・マイクロビジネスの 政策的位置づけの変更

わが国の中小企業政策は小規模企業を限界企業として捉え、政策対象としていたとしても、それらを育成し国の競争力を作る存在として位置づけることは無かった。この考え方は1999年の中小企業基本法の改訂において明確になり、ベンチャー創業を除き、「（天は）自ら助けるものを助く」と事実上、中小企業に対する支援を中企業に限定した。

具体的には前文から「小規模企業従事者の生活水準が向上するような適切な

配慮」が削除され、さらに第4章小規模企業（第23条）が削除された。さらに2001（平成13）年の組織編成では中小企業庁小規模企業部が廃止され、さらに2006（平成18）年には小規模事業経営支援事業補助金が県に税源委譲されるなど、行政としても縮小の方向が明確にされた

「"ちいさな企業"未来会議」[13]は、「これまでの中小企業政策は、1999年の中小企業基本法の改正を経て、どちらかというと、中小企業の中でも比較的大きな企業（中規模企業）などに焦点が当てられがちで、必ずしも、小規模企業にしっかりと焦点を当てた政策体系となっていない。また、既存の支援施策（補助金等）も、小規模企業が活用しやすい制度・運用になっていない場合があり、見直すべき点がある」(『"ちいさな企業"未来会議の取りまとめ』(2013年、p.8) としている。しかし『"ちいさな企業"未来会議の取りまとめ』においても結果的に「小規模企業は、段階・形態・指向が多様であるため、それぞれの実情に応じたきめ細かな対応が必要である」と多様性を前提にした対応を示している。

この小規模企業への行政の対応は、2010年6月に中小企業憲章において「政府が中核となり、国の総力を挙げて、中小企業の持つ個性や可能性を存分に伸ばし、自立する中小企業を励まし、困っている中小企業を支え、そして、どんな問題も中小企業の立場で考えていく。これにより、中小企業が光り輝き、もって、安定的で活力ある経済と豊かな国民生活が実現されるよう」と示された時点から再度社会的意義が見直された。そして平成24年7月に中小企業政策審議会に「"ちいさな企業"未来部会」が設置され、取りまとめにおいて「小規模企業に関する基本理念及び施策の方針の明確化として、『地域経済の安定』及び『我が国経済社会の発展』に寄与するとの小規模企業の意義を『基本理念』に規定。また、小規模企業に対する事業活動の活性化等を『施策の方針』に規定」した。このとりまとめの中では、小規模企業から中小企業・中堅企業へと発展する際の支援のあり方として「小規模企業の着実な成長発展を実現するための支援が重要である旨を基本法上で明確化」するとした。

そして「小規模企業の事業活動の活性化のための中小企業基本法等の一部を

改正する等の法律」（法律第57号）が平成25年6月17日に成立し、21日に公布された。この改正法では、第3条（基本理念）で小規模企業の意義が明確にされ、第8条で小規模企業に対する中小企業施策の方針が示された[14]。しかしながらこれらの位置づけ（定義）は、あくまで政策を行うために定義されたものであり、マイクロビジネス・スモールビジネスに対して経営の視点から課題の解決を目指すためには質的特質から分析、考察することが必要である。

7. まとめ

　本章では、なぜ中小企業を認識し、政策を考え、研究しなければならないのかを明確にした。すなわち中小企業は、公正で自由な競争基盤を支える役割を果たし、成熟社会における消費者の細かな需要に応え、地域企業として地域社会を支え、新商品、新サービス、新企業、新産業を生み出す苗床としての役割を果たしている。これは中小企業<u>でも</u>果たすことができる役割ではなく、中小企業<u>だけ</u>が果たすことのできる役割である。それゆえにわれわれは中小企業を認識し、中小企業に対する政策を立案し、研究しなくてはならないのである。

　しかし戦後の混乱期、復興期から高度経済成長期の初期までに一般化した二重構造仮説は、中小企業のイメージを固定化させ、従業員社会、雇用者社会を指向することで、結果的に中小企業の苗床機能を担う起業家社会の構築を難しくすることになった。経済構造改革が求められる中で、起業家待望論や起業家社会が求められているが、この基礎となるのが中小企業の役割の認識と理解である。特に中小企業という極めて広範な対象から、やはり依然として広範であるが小規模企業に目を向ける基本法の改正が行われたことは、小規模企業ではなくマイクロビジネス・スモールビジネスとして経営の視点から考察することの必要性をあらためて提起したものとなった。

【注】

(1) 山中篤太郎（1948、p.41）は、学問として中小企業を意識させたのは、小工業の不合理

性とその淘汰による社会問題である、としている。
(2) ドイツ社会政策学会の研究者は、機械と動力を使用する工場を「大工業」とし、手工業や家内工業を「商工業」（瀧澤［1996］p.6）と規定している。
(3) 「米欧由来の近代的機械制工業によらず、旧来からの生産方式によって製造される、繊維業、食品工業、陶磁器産業などを在来工業と呼んだ。多くの場合、地方に分散しており中小、零細資本を担い手とする」（商工組合中央金庫［2009］p.68、注1）
(4) A. Marshall はケンブリッジ学派の経済学者、『経済学原理』（Principles of Economics）の第1版にはこの森の比喩の記述はない。
(5) 「若い木はまわりの古い木のさしかける陰……（中略）のなかを突き抜けて伸びていこうとして、苦闘をつづける。若い木々の多くは途中でたおれ、わずかな木だけが生き残る。生き残った木は年一年と強くなり、高く伸びるにつれて陽光と空気をよけいに享受するようになる。そしてついにはまわりの木々を圧して空高く伸び、永久に伸び続け、伸びるにつれて強くなっていくかのようにみえる。しかし、そうはいかない。木々のうちには他の木より長くその活力を衰えさせずに保ち続け、より大きく成長するものもあるが、遅かれ早かれどの木も老いの衰えを示しはじめる。高い木はその競争相手よりも陽光と空気をよく受けることができるが、しだいに生活力を失っていき、つぎつぎに、物的な力は劣っていても青春の活力に満ちている木々に負けていくのだ」（『経済学原理』第二分冊 p.312［原書 pp.315-316］）。
(6) 日経ビジネス（1989）『会社の寿命—盛者必衰の理』新潮社など。
(7) 「小企業のもっとも深刻な競争上のハンディキャップの一つである資本へのアクセスは（中略）小企業が支払わなくてはならない相対的に高い金利と、どんな金利であれ彼らが獲得しうる資本の量の絶対的限界である（Penrose［1995］邦訳 p.305）」。
(8) 中小企業業種の分析については、佐竹［1997］pp.103-119、瀧澤［1967］pp.242-244を参照のこと。
(9) 『中小企業白書2002年版』（p.64）は、「最小最適規模の計測については、4つの代表的な方法がある。第一の方法は工学的測定方法ともいうべきもので、実際の生産装置から生産数量と費用の関係を導き出す方法である。第二の方法は生存者技術（サヴァイヴァー・テクニック）といい、ある期間に事業所数のシェアが上昇した事業所規模区分は最適規模であったはずであるという「適者生存の原則」から最小最適規模を導き出すものである。第三の方法は中央値法（メジアン・メソッド）といい最小規模の事業所から順番に出荷シェアを積み上げてゆき、50％に対応する規模を最小最適規模とする方法である。第四の方法は、産業の平均事業所規模/0.75を最小最適規模とするものである。この方法は最小最適規模の導出が容易であり、かつ理論的にも一定の合理性を持つものであり、最近の研究ではしばしば利用されている。本書においてはこの方法を採用した」としている。
(10) 佐竹（2008、pp.157-180）のいうイエ社会視点を含む。
(11) 同年に大企業向けの工業金融会社（FCI：Finance Corporation for Industry）も設立された（David Merlin-Jones［2010］*The Industrial and Commercial Finance Corporation：*

Lessons from the past for the future October 2010, Civitas)。
(12) 中小工業を停滞的としてみていない。具体的には歴史的に旧問屋制→新問屋制→下請け制と歴史的に変化してきた、としている。
(13) 中小企業政策審議会 "ちいさな企業" 未来部会、第 1 回会合は平成 24 年 7 月 24 日、取りまとめは平成 25 年 3 月 29 日。
(14) 第三条および第八条は以下の通り。

　第三条 2　中小企業の多様で活力ある成長発展に当たっては、小規模企業が、地域の特色を生かした事業活動を行い、就業の機会を提供するなどして地域における経済の安定並びに地域住民の生活の向上及び交流の促進に寄与するとともに、創造的な事業活動を行い、新たな産業を創出するなどして将来における我が国の経済及び社会の発展に寄与するという重要な意義を有するものであることに鑑み、独立した小規模企業者の自主的な努力が助長されることを旨としてこれらの事業活動に資する事業環境が整備されることにより、小規模企業の活力が最大限に発揮されなければならない。

　第八条　国は、次に掲げる方針に従い、小規模企業者に対して中小企業に関する施策を講ずるものとする。
一　小規模企業が地域における経済の安定並びに地域住民の生活の向上及び交流の促進に寄与するという重要な意義を有することを踏まえ、適切かつ十分な経営資源の確保を通じて地域における小規模企業の持続的な事業活動を可能とするとともに、地域の多様な主体との連携の推進によって地域における多様な需要に応じた事業活動の活性化を図ること。
二　小規模企業が将来における我が国の経済及び社会の発展に寄与するという重要な意義を有することを踏まえ、小規模企業がその成長発展を図るに当たり、その状況に応じ、着実な成長発展を実現するための適切な支援を受けられるよう必要な環境の整備を図ること。
三　経営資源の確保が特に困難であることが多い小規模企業者の事情を踏まえ、小規模企業の経営の発達及び改善に努めるとともに、金融、税制、情報の提供その他の事項について、小規模企業の経営の状況に応じ、必要な考慮を払うこと。

第3章 スモールビジネスの経営力と経営革新

　グローバルな競争環境に適応して存続・発展するためには、企業形態や規模の大小に関わらず、スモールビジネスも経営のプロフェッショナル化を目指して経営力を創成しなくてはならない。

　しかしスモールビジネス経営のプロフェッショナル化には二つの壁がある。一つがプロフェッショナル化の前提としての所有と経営の分離であり、もう一つが経営の専門化である。特にスモールビジネスの経営者はさまざまな経営機能面に幅広く関わっており、「経営」のみに専門化しているのではない。

　本章はスモールビジネスにおける経営者力について、スモールビジネスの経営者が、経営者の本質であるリーダーシップだけでなく総合的な企業力においても重要な役割を担っていること、それゆえに企業の継続性（ゴーイングコンサーン）のためには、経営のプロフェッショナル化が重要であることを示す。

1. 経営力と経営機能

　経営力とは、経営機能力であり、企業力と経営者力の二つの面から捉えることができる。企業力は競争力の源泉であり、商品開発力や生産力、販売力、人材力、資金力などから構成され、経営者力とは経営体における経営者の機能と管理者の機能からなる。通常「企業力」は「財務的企業力」として、成長性、収益性、安全性、規模（東洋経済社「新・企業力ランキング」）から示されたり、会社の健全度としての「収益力」「支払能力」「活力」「持久力」「成長力」などから構成される企業力を指す（松本［2005］）。これは企業力の比較検討を

目的に数値化が必要なことから設定されている指標である。一方、本書における企業力は、あくまで現場での行動の裏付けとして存在する経営目標を達成するために必要な能力とする。

そして経営者力は、最高経営機能と全般管理機能からなる経営者機能の遂行力である。前者は経営戦略の立案と経営実践活動における最高意思決定であり、後者は、この最高意思決定を執行に移す機能および決定と執行をつなぐ機能、すなわちリーダーシップである（小椋［2008］p.5）。

マネジメント（新しい経営）の導入による経営主体の生成、それによる企業の質的変化の重要性を指摘した山城（1982、pp.47-54）は、経営体制の発展（企業の質的変化）を「生業・家業」「企業」「経営（体）」の3段階でとらえ、「生業・家業」では身内の論理、家集団理念が、「企業」では資本、所有の論理からマネジメントされるのに対し、「経営（体）」では、経営プロフェッショナル、管理プロフェッショナルに率いられた経営の論理による機能主義のマネジメントが行われるとしている。そしてこの経営の鍵は資本（所有）と経営の分離であり「経営や管理のプロフェッショナル・マネジメントによって運営される専門家集団の形成」であるとしている。あくまでこれは資本や所有の否定ではなく専門職業人としての経営者、対境関係を強調したものである（図表3-1）。

しかしながら、スモールビジネスの視点からこの経営プロフェッショナルをみると、スモールビジネス・マイクロビジネスにおいては、資本と経営の分離、所有と経営の分離を前提とすれば、経営のプロフェッショナル化は困難となるが、ここでの企業と経営の鍵は、生業・家業では経営の主な視点がファミリーなど身内に向かい、企業では、資本・所有に向かうのに対し、経営（体）では、対境関係に目が向けられていることを示している。

すなわち経営（体）の段階では、「身内・家」、「資本家、所有者」を否定しているのではなく、それらも対境の一つとして捉えることによって「経営（体）」としての条件を満たすのである（図表3-2）。このことから図表3-2（右）では通常は経営（中心円）に存在する経営者を対境の一つとしたのは、

第3章　スモールビジネスの経営力と経営革新

図表 3-1　企業と経営

Ⅰ　生業・家業	Ⅱ　企業	Ⅲ　経営（体）
身内の論理 家集団理念	資本の論理 所有の論理	経営の論理 機能主義のマネジメント
血縁的・社縁的 ・同族的地縁	資本家的起業家 所有的起業家	経営プロフェッショナル 管理プロフェッショナル
家長、家父長主義 長男、長	資本支配の経営	資本と経営分離 所有と経営分離
身内と「よそもの」	競争社会	対境関係の調和

（出典）山城（1982、p.49、図表1）より抜粋

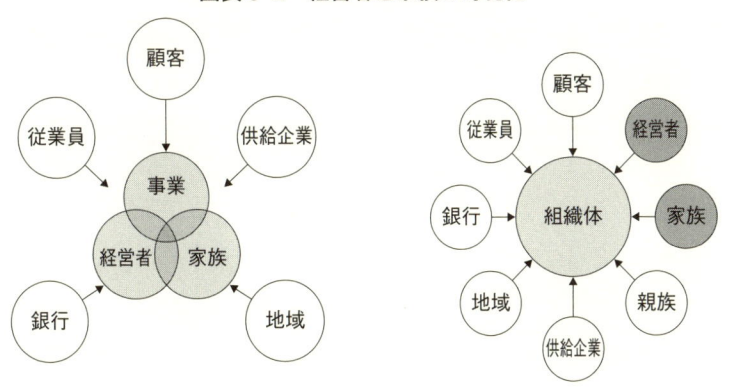

図表 3-2　経営者と家族の対境化

スモールビジネス・マイクロビジネスにおいて同一視される経営・経営者があえて組織の外に位置づけられる意識を強調することを意識して図示したものである。

　企業形態や規模の大小に関わらずグローバルな競争に対抗し、グローバルな環境に適応しなくては成長・発展できない以上、スモールビジネスにおいても同様に経営のプロフェッショナル化を目指して経営力を創成していかなくてはならない。それゆえ、スモールビジネスのプロフェッショナル化はⅠ生業・家業やⅡ企業における論理を対境化した上で対境環境の調和を実現する経営でなくてはならない。

2. 中小企業の多様性と中小企業経営の視点

　スモールビジネスのプロフェッショナル化を実現するために必要な経営者の役割を、スモールビジネスの多様性と経営の視点からみていく。
　スモールビジネスの特質としてまず示されるのが多様性である。既に第1章、第2章で述べたように、従来から示されてきた中小企業の多様性は中小企業経営の視点から導き出されたのではなく、あくまで中小企業政策の対象としての視点（中小企業政策論）から捉えてきたものである。すなわちここでの中小企業は、経営的形態論や質的側面からではなく、形態論でも法形態論的側面から捉えられてきた（山城［1982］p.47）。すなわち中小企業とは法的には中小企業基本法第2条第1項の規定にもとづく「中小企業者」であり、小規模企業・零細企業とは第2条第5項の規定によって示された「小規模企業者」である。しかしながらこの法形態の範囲にある中小企業は大企業（正確にはそれ以外の企業）の企業数に対して圧倒的な多数が対象とされ、その膨大な数が中小企業の考察対象の母数である以上、その構成員が多様で均一でないでないこともまた当然である。
　同様に経営主体である経営者の特質を、自営業主と大企業の経営者の年齢分布から確認すると、自営業主の最頻度数が50歳代の27.3％で広い年齢帯に分布しているのに対し、上場企業では60歳代を頂点とした山となっており、年齢から見ても、企業規模と同様にやはり典型的な中小企業経営者を想定することは（上場企業に比べて）難しい。中小企業が多様であることは、その経営者も多様であることを意味しているのである（図表3-3）。この多数を前提とする以上、経営特質として「異質性と多様性（小川正博［2006］pp.182-184）」をあげることは意味を持たない。スモールビジネス経営においては、スモールビジネス概念を「典型的なスモールビジネスは存在しない」「大企業でないものが中小企業である」「中企業でないものが小規模企業である」などと曖昧にすることは、スモールビジネス経営の考察を困難にする。それゆえスモールビ

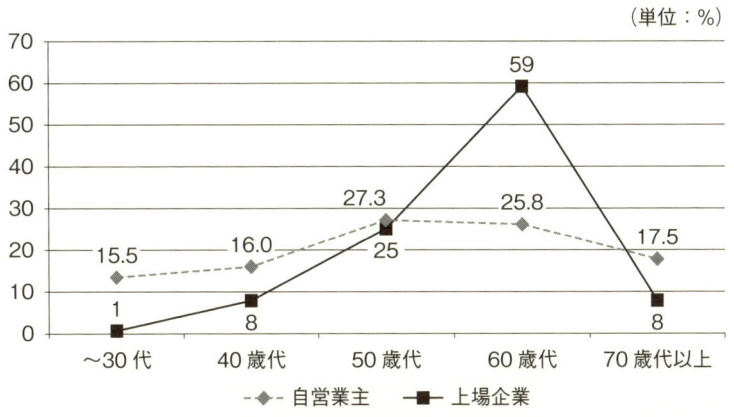

図表 3-3　自営業主・社長の年齢分布表

(単位：%)

	～30代	40歳代	50歳代	60歳代	70歳代以上
自営業主	15.5	16.0	27.3	25.8	17.5
上場企業	1	8	25	59	8

(出典) 上場企業の社長の年齢分布：日本経済新聞デジタルメディア (2004年1月21日)、Needsで読み解く「業績にみる社長の適齢期は？」http://www.nikkei.co.jp/needs/analysis/04/a040121.html、
自営業の年齢分布 (2002年)：『中小企業白書2004年版』第2-3-1図、p.171 より作成

ジネス経営の考察は最終的に多様性に収束させることなく質的特質を分析し、経営プロフェッショナルとしての経営（経営者）の視点を維持しながら考察しなくてはならない。

3. スモールビジネス経営者のリーダーシップ

　経営者のもっとも重要な役割は企業の進むべき方向を決めることであり、それを具現化する経営革新（イノベーション）においてリーダーシップを発揮することである。
　C. I. バーナード（1938、邦訳 p. 296）はリーダーシップとは「必要欠くべからざる社会的な本質的存在であって、共同目的に共通な意味を与え、他の諸要因を効果的ならしめる誘因を創造し、変化する環境のなかで、無数の意思決定の主観的側面に一貫性を与え、協働に必要な強い凝集力を生み出す個人的確信を吹き込むものである」とし、リーダーシップとは目的志向的行動を支える

リーダーの能力であるとしている。

シュンペーター・清成（1998、p.26）も「リーダーシップの本質はイニシアティブにあり、それは必ずしも思想的なイニシアティブを意味しない。つまり、新しい理念の構想といったことではなく、実際的なイニシアティブという意味で、何をすべきかという決定、およびこの決定をどう実行していくかということを意味する」とし、さらに「リーダーシップは既存の経験やルーティンに従って処理すべき事柄でなく、何か新しくこなさなくてはならない事柄がある時にのみ発揮される（同上、p.27）」と非日常性を強調したうえで、「企業家の機能とは、経済の分野におけるこのリーダーシップ機能に他ならない（同上、p.29）」と経営革新活動（新結合）こそが経営者の機能としている。

また山城（1982、pp.159-161）は、リーダーシップについて、マネジメントはそのままリーダーシップではなく、プロフェッショナルなマネジメントこそがマネジメント・リーダーシップであり、これこそが経営プロフェッショナルの重要な要素であるとしている[1]。このように経営者の役割の第一は、企業の向かうべき方向を決めるリーダーシップ機能の発揮にあるといえる。

中小企業金融公庫「経営環境実態調査」（2004年）によると、経営革新の方向性を決めるのは、規模の大小を問わず経営者（調査の中では代表者、経営実

図表3-4　経営革新活動とリーダーシップ

（単位：％）

従業員数	経営者	社内の企画部門・開発部門の役員・従業員	その他の役員・従業員	社外の人材	新規に採用した人材
～20	72.3	12.9	9.5	3.1	2.2
21～50	65.2	18.5	11.0	3.5	1.8
51～100	59.2	24.1	10.9	4.4	1.4
101～300	50.7	30.3	13.5	4.0	1.5
301人以上	45.5	37.5	11.5	5.0	0.5

（出典）『中小企業白書2005年版』第2-1-39図、p.51より作成、同図の「代表者」を「経営者」と記載した。

権者と記載されている。以下図表 3-6、3-7 も同様）と社内の企画・開発部門の役員・従業員が 80% 以上を占めている（図表 3-4）。この中で経営者が方向性を決める割合は規模が小さいほど高く、逆に規模が大きいほど企画・開発部門の役員等が決めている。これは小規模の経営者ほど経営革新活動においてリーダーシップを発揮していることを示している。さらにイノベーションへの具体的な取り組みでは、「経営者による創意工夫」(17%)、「経営者のチャレンジ精神」(16%)、「経営者の素早い意思決定」(16%) の 3 項目において中小企業が大企業を上回っており、中小企業における経営革新の鍵は経営者のリーダーシップであることを示している（『中小企業白書 2009 年版』第 2-1-4 図、p.47）。たしかにリーダーシップの発揮方法として、小規模の場合には自ら率先することにより経営革新を実現し、大規模ほど部門の役員を通して経営革新を行っていることを意味しているとも捉えることもできるが（『中小企業白書 2005 年度版』pp.50-51)、経営プロフェッショナルの視点からみれば、これは経営者固有の機能であり、経営者以外を通して発揮することはリーダーシップに課題があるといえる[2]。

　伊丹 (2007b, pp.41-44) も、トップマネジメントとしての経営者の役割として「リーダー」「代表者」「設計者」の 3 つを示し、リーダーとは組織の求心力の中心であり、代表者は社会に対しての企業の顔、代表としての存在、そして設計者は企業の基本設計図の提示者である。この中で基本設計図を描くことを「誰にも任せられない経営者の仕事」（伊丹［2007］p.43）としている。このように経営革新の側面からみれば中小企業経営者は経営プロフェッショナルたる経営者の本質的な役割を果たしているといえる。

4. スモールビジネス経営における経営の専門化

　経営プロフェッショナルについては、経営において専門的に従事していることを「専門性」とするならば、スモールビジネスの経営者は経営の専門性を発揮してはいない。

中小企業の従業員数をみると、規模別では製造業において4から9人、小売業において1から2人が50%弱を占めており、この従業員数では経営（経営者）・管理（管理者）・作業（作業者）の機能を明確に区分することは不可能であり、この3区分が可能になると思われるのは少なくとも従業員数20人以上に限定される（図表3-5）。このことからスモールビジネスにおいては、経営・管理・作業の3区分の業務的専属性を前提に経営のプロフェッショナルを捉えることはできない。ここで企業力の源泉である経営機能（研究開発・新製品開発、販売促進）から経営者の役割を再認識してみる。

　研究開発・新製品開発への取り組みは、製品のライフサイクルが急速に短縮化する中で、製造業にとっては規模を問わず企業の存続に欠かせない要素である[3]。①基礎研究、②製品開発・技術開発、③既存製品の改良・改善の研究開発の3つの側面から中小企業経営者の関わり（図表3-6）を確認すると、①基礎研究の中心になっているのは経営者（白書では「代表者」と記載されている）が42.4%と最も高く、次いで業務担当者の33.1%となっており中小企業経

図表3-5　従業員数別事業所数比率

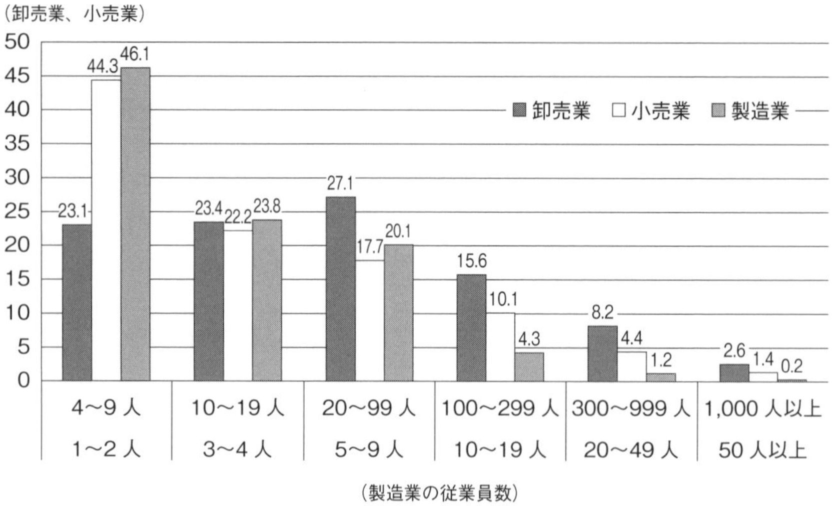

（卸売業、小売業）

従業員数	卸売業	小売業	製造業
4〜9人 / 1〜2人	23.1	44.3	46.1
10〜19人 / 3〜4人	23.4	22.2	23.8
20〜99人 / 5〜9人	27.1	17.7	20.1
100〜299人 / 10〜19人	15.6	10.1	4.3
300〜999人 / 20〜49人	8.2	4.4	1.2
1,000人以上 / 50人以上	2.6	1.4	0.2

（製造業の従業員数）

（出典）『中小企業白書2011年版』、付属統計資料8、10、11表、pp.414-417

第 3 章　スモールビジネスの経営力と経営革新

営者は研究開発者の役割を果たしている。

　また②製品・技術開発においても経営者 34.3％、業務担当者 39.4％、そして既存製品の改良・改善でも担当者 30.7％ に対して経営者は 23.7％ を占めており、基礎研究から既存製品の改善までのすべての項目において重要な役割を果たしている（『中小企業白書 2009 年版』、p. 124）（図表 3-6）。

　また品質・生産管理の項目では、品質・生産管理方法の改善において経営者に依存する場合は 20.5％、生産ライン製造方法の改善では 23.6％ となっており、業務担当者の 43.9％ に次いで高くなっている（図表 3-6）。

　さらに規模別に新製品の企画・開発における経営者の役割をみると、従業員数 101 人以上では専従の役員・従業員が担当し、100 人以下では他業務と兼務で行われている状況が分かる（図表 3-7）。経営者の研究開発・新製品開発への関わりでは、20 人以下の企業では「経営者のみが新製品の企画・開発を行っている企業」の比率がそれ以外の規模に比べると圧倒的に高く、さらに研究開発・新製品開発の実施企業のみではその比率はおよそ 30％ となる。すなわち規模が小さいほど、研究開発は経営者に依存しており、経営者は経営のみでなく、研究者（研究開発の重要な担い手）として自社の技術を支えている（『中小企業白書 2005 年度版』pp. 60-61）。

　次にマーケティング分野（販路開拓と販促効果）において経営者の関わりを

図表 3-6　イノベーションの担当業務

単位：％

	経営者	当該業務担当者	その他技術業務担当	その他役員	営業・販売担当	経営戦略企画
基礎研究	42.4	33.1	12.2	10.8	0.7	0.7
製品開発・技術開発	34.3	39.4	10.8	11.6	3.1	0.8
既存製品の改良・改善	23.7	30.7	27.9	10.5	5.6	1.5
品質・生産管理方法の改善	20.5	48.7	17.4	11.9	1.2	0.3
生産ライン、製造方法の改善	23.6	43.9	19.2	12.7	0.2	0.5

（出典）『中小企業白書 2009 年版』第 2-4-4 図、p. 124、同図の「代表者」を「経営者」と記載した。

図表 3-7　新製品の企画・開発における代表者の役割

単位：％

従業員数（人）/ 企画開発人材	経営者のみ （全企業）	経営者のみ （実施企業）	専従の役員・ 従業員がいる	他業務との兼務の役 員・従業員がいる
〜20	15.8	30.0	13.2	23.6
21〜50	6.5	11.3	18.7	32.2
51〜100	3.5	5.8	25.3	31.5
101〜300	0.8	1.3	34.2	28.7
301〜	0	0	68.8	20.6

（注）1. 新しい商品の企画・開発を行っている人材の有無
　　　2. 経営者のみ（実施企業）は、「恒常的に行っていない」企業を除いた、実施企業のみの比率。それ以外の比率は、「恒常的に行っていない」を含む。
　　　3. 白書の図の「代表者」を「経営者」と記載した。
（出典）『中小企業白書 2005 年度版』第 2-1-57 図、p.60.

　みると、(発注先が) スモールビジネスから仕入や外注を行う場合には「中小企業の場合、経営者の行動や倒産懸念といった企業信用力等の影響が大きいため (『中小企業白書 2005 年版』p.73)」仕事内容以外での信用力を補完する必要がある。中小企業金融公庫「経営環境実態調査」(2004 年) によると、(発注側が) 仕事内容以外で仕入・外注先を選ぶ基準として半数以上の企業が重視するとしたのは、「信用情報の評点」と「経営者個人の資質」であり、企業信用調査会社による格付けや評点とともに経営者個人の資質が重視されている。

　また規模の小さな企業 (50 人以下) が効果的に販路開拓する場合において売上への効果が大きい要因は、「大学、学会などで技術を発表」が他に比べて特に高く、信用力を補う手段として使用されている。この売上高への効果の面では、逆に経営者のトップセールスの売上高増加率は 1.4% であり特に効果が高いとはいえない (『中小企業白書 2005 年版』p.75)[4]。

　これらのことから組織が少人数によって構成されているスモールビジネスにおいては、経営者は経営に専門化しているのではなく、企業力の側面にも幅広く影響していることがわかる[5]。

5. スモールビジネスの経営力

　中小企業が自ら相対的に「強み」と感じている要因は、①迅速な意思決定、②柔軟性・機動性、③消費者ニーズへの柔軟で的確な対応、④経営者と社員の一体感・連帯感、⑥独創的な技術やビジネスモデル、⑦コスト競争力の7項目に集約することができる（図表3-8）。

　この強みの要因の第一は、小規模ゆえのコンパクトでシンプルな組織構造によって可能になる経営者と従業員、そして部門間の濃厚なコミュニケーションがもたらす組織力である。中小企業金融公庫「経営環境実態調査」（2004年）によると、経営者が従業員を81～100%把握できるとする範囲は、従業員数20人以下で96.8%、50人以下で92.3%、100人以下で80.2%であり、101人を越えると把握率は急速に低下する。また日常業務中の対話による直接意思疎通は、従業員数20人以下で53.6%、21～50人で36.6%など高く、それ以上になると会議や小集団活動を通しての意思疎通となり、小規模企業では、組織内でのコミュニケーションを活発に保つことによって開発・生産・営業などの部門間の一体的な取り組みを通した製品開発・消費者ニーズへの柔軟で的確な対応が可能になる（『中小企業白書2005年版』pp.51-52）。

　常盤・片平・古川（2007, p.104）は「経営者個人の世界観・価値観・経営を貫く基本的な考え方である」経営哲学を通して「家族のような暖かい雰囲気」などの仕事の環境を整えることが可能となり、「『哲学』に基づいて、成長した個々人の能力が『新たな結合』をするとき、会社は次なる進化をはじめるのである。このような組織学習が行われるのは、元気のいい中小企業ならではの利点かもしれない。経営者が従業員一人ひとりの性格や家族のことまで把握できているからである」（常盤・片平・古川［2007］pp.125-126）と組織力の効用について述べている。スモールビジネスの組織力の活用は企業規模を越えた企業力の源泉となることができる。

　また第二の要因が消費者ニーズへの柔軟で的確な対応が生み出す、製品企

図表 3-8　中小企業の相対的な強み

年	2011			2009		2008	
強み	アンケート項目	%		アンケート項目	%	アンケート項目	%
迅速な意思決定	意思決定の迅速性	24.9		経営における迅速かつ大胆な意思決定能力	18	意思決定の速さ	2
柔軟性・機動性	小回りがきく	22.1		市場等の変化への迅速な対応・機動力	10	対応の柔軟性	17
消費者ニーズへの柔軟で適格な対応	きめ細かな対応が可能	16.7		個別ニーズにきめ細かく応じる柔軟な対応力	22		
	消費者ニーズに柔軟に対応可能	7.0		顧客・ユーザー等への提案力・課題解決能力	7		
	地域に密着した製品、サービスを提供可能	5.3					
	身近な情報	1.7					
経営者と社員の一体感・連帯感	家族的で暖かい雰囲気	5.0		経営者と社員、部門間の一体感・連帯感	24	少数精鋭の組織	45
	全員が顔見知りで風通しが良い	3.8		社員のやる気・活力を引き出す仕組み	3		
	兼任ができ、個人の裁量権が高い	4.3					
	若者でも重要な仕事が任される	2.8					
独創的な技術・ビジネスモデル				独創的な技術・ノウハウ、事業モデル	8	現場で培った技術力・ノウハウ	19
						独創的な技術力・ノウハウ	13
						専門特化	14
コスト競争力	経費がかからない	6.2				様々な価格帯の設定	7
						低価格による販売	7

(出典) 2011 年：中小企業庁委託調査「産業・生活を支える企業に関するアンケート調査」(2010 年) (株) 三菱総合研究所『中小企業白書 2011 年版』p.68.
2009 年：三菱 UFJ コンサルティング (株)「企業の創意工夫や研究開発等によるイノベーションに関する実態調査」
(2008 年)：『中小企業白書 2009 年版』p.52.

画・開発力、販売力、サービス力等からなる「マーケティング力」である。スモールビジネスの製品企画・開発の中心は、顧客・取引先からの要望や提案、顧客の行動から学ぶ「顧客起点型」であることから、顧客とのコミュニケーションの中から経営革新のシーズを発見・開発するマーケティング力は経営力にとって重要である。

　そして経営力の源泉となるのが「迅速な意思決定」と「柔軟性・機動性」である。スモールビジネスは、自らの存立基盤である市場選択において、自社の経営資源、商品力にもっとも適した市場を選択する経営力（市場発見力）が不可欠である。すなわちスモールビジネスが企業力を維持するためには、独創的な技術やビジネスモデルが必要であり、それらによって実現する「適所」の構築が必要である。しかしながら製品のライフサイクルの成熟期・衰退期への移行、市場ニーズの多様化、競争の激化、既存事業への不安、経営資源の集中の必要性などから業種転換を余儀なくされることも少なくない。それゆえスモールビジネスの経営力の維持には、日常の経営活動の中で小さなリスクをとり続けることによって大きなリスクを避けることが重要であり、この小さなリスクテイクの積み重ねを継続的に行う力が「機動力」であり、消費者ニーズへの柔軟で的確な対応を通じて市場環境変化への柔軟で機動的な対応を通した企業の方向の「転換力」である。

6. スモールビジネス経営のプロフェッショナル化

　スモールビジネスの経営力の源泉が経営プロフェッショナルであることに疑問の余地はない。しかしそれは専門化された経営プロフェッショナルの中のみに見いだされるものでも、経営者の総合的な能力の中のみで創成されるものでもない。これは専門化の必要性を否定するものでも、総合的な能力を強調するものでもないが、企業が継続性（going concern）を維持していくためには、経営の専門化が必要になることを理解した上で議論することが重要である。継続性の基本である事業承継を可能にするためには、たとえば経営者であり技術

者である後継者を見つけることは、経営の後継者を見つけることに比べればはるかに困難である。仮に、技術を担当する技術者への承継を組織的に行うことができれば、経営者としての承継のみを行うことが可能となる[6]。すなわちスモールビジネスの経営力は経営者の総合力によって創成されるが、企業の継続的発展のためにはそれを組織的に承継することが必要となるのである。

またスモールビジネスの経営力で忘れてはならないのが、スモールビジネスの視点を起点とする経営力である。既に述べたように、スモールビジネスの経営力は、自らの存立基盤である市場選択において、自社の経営資源、商品力にもっとも適した市場（適所：ニッチ、niche）を選択することから創成される。

しかしながら、「ニッチ市場すなわち市場規模が小さく大企業が手を出さない製品分野（渡辺［2006］p.168）」、「大企業では採算の取れないニッチ（すき間）な市場（小川正博［2006］p.31）」、「巨大企業が積み残したかあるいは巨大企業には適さない、限定的な小規模市場（山本久義［2002］p.33）」などと、大企業が手を出さないか、出せない市場をニッチ（すき間）とすることは、スモールビジネスは「大企業・中企業の残渣の中に存立基盤たる市場を求める」という誤謬を生み出す。このようにスモールビジネスの存立基盤を大企業の側から認識し、解釈することはスモールビジネスに対する認識を誤らせるだけでなく、スモールビジネスの発展を妨げる要因となる。

福岡（2008）は適所（ニッチ）について、「巣（nest）と同じ語源を持つ言葉であり、生物学では生物学的地位、すなわち自分の適所という意味である。ほとんどすべての生物は、自分の生活空間を限定し、食べるものを限定している。つまりニッチを持ち、ニッチを守っている。そのことによってできるだけ他種との競争を避け、棲み分けを行っているのだ。もし生物の原理が、適者生存・弱肉強食のみであったなら世界はこれまでに多様性に満ちてはいなかっただろう」としており、スモールビジネスの市場も大企業の見逃しているような「すき間」ではない。ニッチとは、「セグメントより、さらに狭く定義した顧客グループのことで、明確なベニフィットの組み合わせを望む集団（Kotler・Keller［2005］邦訳p.298）」である。

スモールビジネスはその市場選択において、自社の経営資源、商品力にもっとも適した市場の構築を通して経営力を創成しているのである。

7. まとめ

本章では、スモールビジネスにおける経営のプロフェッショナル化の障害とされてきた所有と経営の分離と経営の専門化の二つについて検討した。その結果、所有と経営の分離については、山城（1982）の経営体制の発展概念である「生業・零細」、「企業」に存在する志向を対境関係への調和に進めることで経営プロフェッショナルとして「経営（体）」に発展することができることを示した。また専門化については、スモールビジネスが経営者の総合力によって経営プロフェッショナルの要である経営革新を実現していること、経営者の総合力を企業力の源泉として成長するが、事業継承の時点、すなわちゴーイングコンサーンの視点から専門化に向かわざるを得ないことを示した。

そして最後に、スモールビジネスの経営力の視点について「ニッチ」概念を例に、大企業の視点ではなく、スモールビジネスの視点でスモールビジネスの経営を考察しなくてはならないことを示した。

【注】
(1) この経営者力は経営―管理―作業という経営体を構成する3つの階層が横階層系列、ピラミッド系列、包摂階層系列等のどれであろうと、それぞれの「経営」に該当するものであり、マネジメントが「仕事」そのものである専門化、プロフェッショナルに限定されるものである（山城 [1982] p.128）。
(2) 中小企業金融公庫「経営環境実態調査」（2004年）によると、「経営革新のアイデアの源泉とその成果」では「顧客重視の経営革新は、成功率が高いのに対し、アイデア重視の経営革新は成功した時の成果が大きい」（『中小企業白書2005年版』第2-1-38図、p.51）またこの中で代表者の個人的なアイデアは、「経営革新の目的を達成した企業の割合において−6.6％（平均値0）と平均を下回っており、かつ企業成長率の標準偏差が大きくなっている。なお顧客重視型は「顧客・取引先の要望、提案」、「顧客の行動から察知」、市場動向型は「競合他社の動き」「一般的な市場の動向」、そしてアイデア重視型には「代表者の

個人的なアイデア」と「研究機関、大学などの研究成果」のそれぞれの項目からなる。
(3) ヒット商品（売れ筋商品）のライフサイクルをみると、1970年代以前には5年超が59.4%も占めていたのに対し、2000年代には5年超はわずか5.6%に過ぎない。逆に1年未満は、1970年代以前の1.6%から18.9%へ、1～2年未満は6.3%から32.9%へ、2～3年未満は5.1%から23.1%へ大幅に増加しており、ヒット商品のライフサイクルの短縮化が急速に進んでいる（『中小企業白書2005年版』第2-1-13図、p.37)。
(4) ここでの売上高増加率の効果は（2003年売上高—1998年売上高）/1998年売上高と売上高増加率の平均との差により算出したもの。
(5) 用語としての「経営力」が使用されているものとしては、平成24年8月30日「中小企業経営力強化支援法」がある、これは正式には「中小企業の海外における商品の需要の開拓の促進等のための中小企業の新たな事業活動の促進に関する法律等の一部を改正する法律」であり、これによる改正対象は、中小企業の新たな事業活動の促進に関する法律、中小企業による地域産業資源を活用した事業活動の促進に関する法律、中小企業者と農林漁業者との連携による事業活動の促進に関する法律がある。

　さらに中小企業政策審議会「企業力強化部会」中間とりまとめ「グローバル競争下における今後の中小企業政策のあり方（平成23年12月)」は、厳しい内外環境を勝ち抜く自立的な中小企業を実現していくに当たっては、以下に代表されるような戦略的経営力を強化することが必要であり、政策支援においても「経営力強化」の視点が重要になる、としている。具体的には、①成長のための知恵・知識・ノウハウ、②資金の確保・調達力、③財務経営力（財務状況を認識し、それに基づいた的確な経営方針を構築する力)、④国際競争に耐えうる技術力・人材があげられている。
(6) （株）システクアカザワの赤澤洋平社長は「次世代にバトンをわたすために」という社員へのメッセージの中で「これから10年間で、この会社のものづくり技術のすべてを継承してください。それさえやっておいたら、この会社に、その技術を求めて注文が来ます。そうすれば私が引退したときに技術をもっている人でなくても、経営に明るい人が社長になってくれたのならば、この仕事は相変わらずやっていけます。そうすれば会社は継続していくことができるし、みなさんの生活を守ることもできます。（以下略)」（赤澤［2007］pp.213-214）と事業承継と技術の関係について述べている。

第4章 起業家概念の変質と起業家社会の構築

　長期間にわたる不況の中、社会経済構造改革の必要性が叫ばれ、その担い手として起業家（アントレプレナー）が求められている。イノベーション、創造的破壊、リスクテイキングを実行するスーパーヒーローとしての起業家が待望される一方、この起業家像に対し、潜在的起業家は創業・起業にたじろぎ、結果として低開業率が続いている。

　しかも戦後の雇用構造の近代化の名目のもとで形成されてきた「雇用者社会」の中、自営業者は若年層を中心に減少し、結果として自営業が果たしてきた起業家を生み出す土壌までも失わせてしまった。

　本章では、わが国の起業家が多様化している現状を確認したのち、「理想的な起業家像」にとらわれていることがかえって起業家の役割の実現を阻んでいることを示す。その上で職業の一つとして起業を選択し、起業家が社会的に認知され、起業が社会の活力を生み出す社会（起業家社会）を創成することの重要性を示す。

1. 起業家の役割の拡大

　1991年の平成不況に始まったわが国の経済の停滞は、失われた10年（the lost decade）から既に失われた20年を越え、英国のヴィクトリア時代の大不況（Great Depression, 1873-96）[1]を越えた。

　この長期の停滞は、情報技術の革命的進歩とグローバル化による供給構造の変化が進展する中で、戦後わが国が創り上げてきた社会経済構造が市場環境と

不適合を起こしている結果である。それゆえこの状況を打破するために「産業構造のダイナミックな進化を生み出し、イノベーションの先導役」として創造的破壊（creative destruction）を担う起業家が「渇望」されているのである（内閣府『経済財政白書　平成23年版』p. 199）[2]。

　起業家への期待は、①革新的技術や新事業・新産業等の創出によるイノベーションの促進と生産性の向上、②自己実現の場の提供（自由な能力発揮の場を与える機会の提供）、③雇用機会の創出（『中小企業白書2002年版』p. 73）[3]の実現であり、これを実現する人材こそが「起業家」であるとされてきた。

　この3つの期待の中でもっとも強調されてきたのがイノベーション（innovation）を通じた変革であり、創造力に溢れ、決断力と忍耐力に優れ、熱意を持ってイノベーションを推進する起業家であり、この「理想的な起業家（entrepreneurial Hero）」（Mazzarol and Reboud [2009] p. 103）[4]が起業家像として定着していった。「戦後復興を支え、急激な事業環境の変化の中でも成長を遂げてきた我が国の企業の多くは、企業家精神にあふれる起業家によって創設され、時代の潮流に合わせて積極果敢に新分野に進出し続けてきた。パナソニック株式会社、本田技研工業株式会社、ソニー株式会社等の我が国を代表する大企業も、松下幸之助、本田宗一郎、井深大や盛田昭夫といった起業家によって誕生し、幾度の転身を経て、町工場から世界的な企業へと成長を遂げている（『中小企業白書2011年版』p. 178）」と起業家は新しい市場を創り上げ、それを成長させ、社会を豊かにするという大きな期待と責務を背負ってきたのである。

　しかし経済の停滞の中、2000年前後から失業率が上昇しはじめると、起業家の役割として、経済構造改革・イノベーションの担い手の役割に加え、雇用機会の創出が強調されるようになった。失業率は、1968年から1974年（昭和40年代後半）には最高でも1.4％と低位に留まっていたが、1998年以降は4％を越え、さらに2000年以降では半数の年において5.0％を越える状況となった。これを24歳以下の若者に限定すると2003年には10％を越えるなど、若者の失業率は全体のおよそ倍となり、起業家への期待として雇用問題が中心的

な役割となった(「平成23年労働力調査」長期系列データ、年平均結果、全国、表2)。

また雇用を取り巻く環境変化は、単に失業率に留まること無く、終身雇用などの制度から被雇用者の意識にまで拡がっている。特に終身雇用制度は、相次ぐ上場企業の倒産を受けて、大企業の若手社員ですら定年まで会社が存続することに確信が持てなくなっており、被雇用者の意識では終身雇用制度は既に幻想となりつつある[5]。しかも非正規雇用者(パート・アルバイト、派遣社員などの非正規の職員・従業員)は平成24年平均で1,813万人、全雇用者に占める割合も32.8%まで増加するなど、戦後の就業構造は大きく変化し、雇用に対する処方箋としての「起業家への期待」は質量ともに大きくなっている(総務庁「労働力調査(平成24年)」長期時系列データ「長期系列表10雇用形態別雇用者数(全国)」)。

2．雇用者社会における自営業

(1) 自営業主社会から雇用社会へ

わが国における創業者(起業家)の位置づけを、総務庁統計局の「就業構造基本調査」(平成24年)からみる。わが国の有業者は、64,421千人であり、このうち自営業主は5,910千人(9.2%)、家族従業者が1,342千人(2.1%)を占め、残りが雇用者である。自営業主のうち自分で事業を興した起業家(創業者)が3,682千人(62.3%)おり、これに雇用者の中で事業を興した起業家の1,456千人(2.6%)を加えると、起業家は5,138千人となる。さらに自営業主を雇用の側面から雇人の有無でみると、雇い人なしが4,039千人、雇い人有りが1,689千人おり、雇い人無しが68.3%と過半数を超えている。

このことから自営業主は雇用創出力が弱いように見えるが、自営業主が自己雇用者(self-employed)であること、さらに家族従業者を含めると7,252千人の雇用を作り出している。

自営業主が、雇用の創出の側面から注目を集めるようになったのは開業率が

図表 4-1　わが国の就業構造

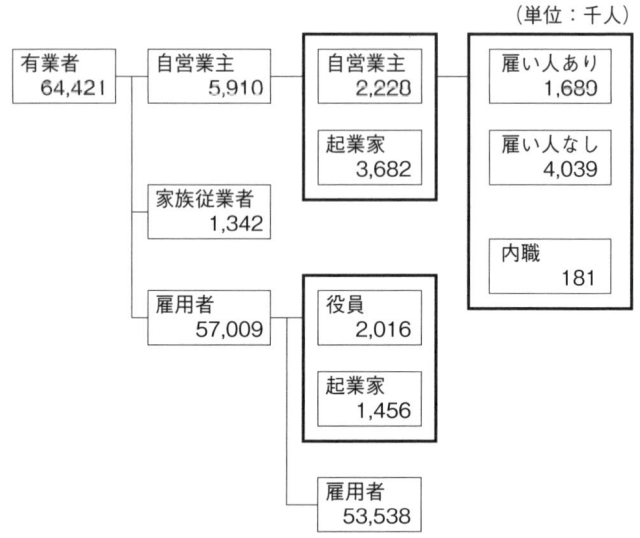

(単位：千人)

```
有業者        自営業主       自営業主 2,228      雇い人あり 1,689
64,421       5,910         起業家 3,682        雇い人なし 4,039
             家族従業者 1,342                    内職 181
             雇用者 57,009  役員 2,016
                           起業家 1,456
                           雇用者 53,538
```

(出典) 総務省統計局「就業構造基本調査」平成17年、第4表　男女、従業上の地位、雇用形態、産業別有業者数より作成

問題になった1990年代以降であり、それまでは戦後の混乱期の不完全雇用形態 (失業対策的就業) としての「自己雇用」のイメージを長く引きずってきた。確かに終戦直後には、特別な技術が必要なかった小売業への参入が活発に行われ、その後の零細過多と呼ばれる小売構造を作ることになった他、多くの業種で零細過多構造の基盤が形成される要因になった。1956 (昭和31) 年の経済白書は「昭和5年の『国勢調査』によれば、全産業において個人業主が9,584千人 (33%)、家族従業者が10,247千人 (35%)、雇用者が9,508千人 (32%) を占めていたが、戦後においては30年の「労働力調査 (臨時調査)」でみると、個人業主は26%に縮小、家族従業者は35.5%とほぼ同じ、雇用者で38.5%に拡大と、雇用構造はいくらか近代化を示したようである」と述べ、個人業主の減少、雇用者の増大を近代化の指標としてとらえていた。当時 (1950年) の就業者に占める自営業主の割合を、欧米諸国と比較してみると、米英では雇用者比率が80%を越えているのに対し、わが国では40%弱とその

第 4 章　起業家概念の変質と起業家社会の構築

図表 4-2　就業者割合の国際比較（%）

	日本	米	英	西独	仏	伊
雇用者	39.3	81.9	87.8	70.8	65.4	59.1
自営業主	26.1	16.2	7.3	14.8	11.4	23.5
家族従事者	34.4	1.9	0.2	14.4	13.2	17.4

注：英国とイタリアは 1951 年、フランスは 1954 年の数字
（出典）矢野恒太郎記念会（1991）p.83、表 2-22 より作成

違いは明らかであり、二重構造の解消、欧米型構造を目指すべき経済構造としていたことからするとこの評価は自然なものであった（図表 4-2）。

　自営業主は雇用の改善とともに雇用者となるほか、参入・撤退を繰り返しながら法人の経営者等へ成長していった。1960 年代後半に入ると自営業主が急増したが、自営業主の伸びは産業別には製造業において高く、特に金属機械関連など重工業分野での増加が顕著であった。また規模別には従業員 5 人未満の自営業主が伸びており、製造業を中心に独立開業が行われていたことが分かる（総務省統計局「就業構造基本調査」）。そして高度経済成長の中で自営業主数も同時に増加し 1982 年には 7,112 千人となったが、1980（昭和 55）年には雇用者割合は 71.2% まで増加し、「雇用者社会」が現出した[6]。

(2) 新規開業率の減少と創業の困難性

　自営業主数は 1982 年の 7,112 千人をピークとしてその後着実に減少し、2012（平成 24）年には 5,910 千とおよそ 17% も減少した。

　これを業種別にみると、サービス業が 1974 年以降急増している一方、卸売業・小売業、飲食業が 1977 年以降急速に減少している。製造業も数字自体は少ないが、比率的には大幅に減少し、サービス業の増加では補いきれない状況となっていた。また 1987 年と 2012 年の「就業構造基本調査」によると、この間に卸売業・小売業は 68%、製造業は約 69% も減少する一方、この期間に 100% を上回ったのは、運輸、情報・通信と不動産、物品賃貸業、サービス業であった（図表 4-3）。

図表 4-3　業種別自営業者比較

(単位：千人、％)

年・業種	総数	建設業	製造業	運輸・情報通信	卸売業,小売業	金融業,保険業	不動産業,物品賃貸業	サービス	分類不能の産業
1987	6,803	901	1,432	165	2,214	64	136	1,886	3
2012	4,811	823.2	446.6	205	716.6	35.6	210	2,180.3	191.5
87/2012	65.1	91.4	31.2	124.2	32.4	55.6	154.4	115.6	6383.3

注：統計項目を統一するために、項目を統合した。一部の業種を表示していないため、総数（農林水産業を除く自営業者数）とそれ以外の合計はあわない。
(出典) 総務省統計局「就業構造基本調査」

そして雇用者社会の課題として、新規開業者数の減少と創業の困難性の拡大が浮かび上がったのは開業率と廃業率（事業所ベース）が逆転した1989年であった。しかし個人企業の開業率と廃業率をみると、開業率は69〜72年の7.0％をピークに下がり続け1981〜86年に開業率が6.0％から4.7％まで大きく低下し、廃業率が4.7％まで増加した時点でこの傾向が決定的になった。その後も開業率は1994〜96年には3.7％までさらに低下した。しかし1996〜99年に4.1％まで回復し、99〜2001には6.7％と72〜75年のレベルまで上昇し、2001〜2004年に一時的に逆転減少は解消され、その後、開業率と廃業率はほぼ均衡状態となっている。しかしながら会社企業と個人企業を基準にこの推移を見ると、依然、逆転状態は継続され、個人企業においては開業率の回復傾向は見られるものの1981年以降逆転状況が継続している（『中小企業白書2012年版』pp.332-337）。

ここで開業の困難性の要因をまとめてみると、①産業の高度化によって創業時に必要とされる技術力水準、設備基準が高くなっていること、②それに伴い製造業、小売業等においては開業資金が高額化し、若年層を中心に資金不足が深刻になったこと、③資金不足は結果的に開業年齢の高齢化に繋がり、終身雇用制度のもとでは、年齢が高くなるほど収入が増加することから相対的収入が減少したこと[7]、③家計の貯蓄率の減少は安定した収入確保の必要性につながること、等から創業リスクが高まった（『中小企業白書2005年版』p.241）。上

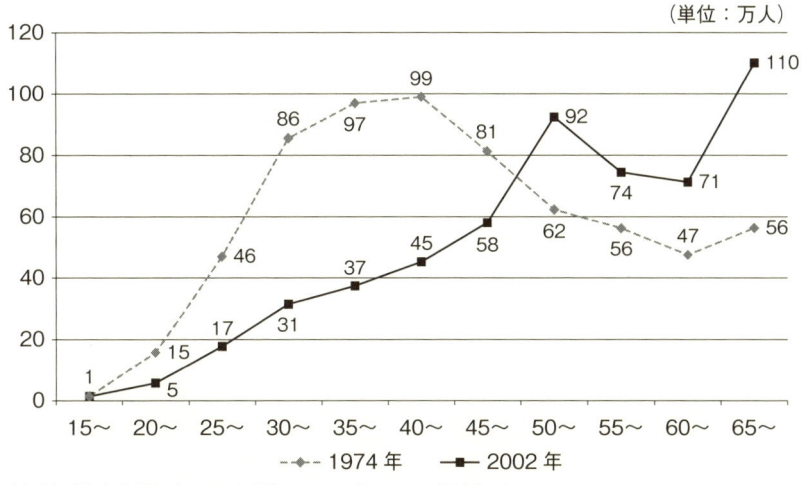

図表 4-4　年齢階級別　自営業主数（非農林業）の推移

(単位：万人)

年齢	1974年	2002年
15～	1	5
20～	15	5
25～	46	17
30～	86	31
35～	97	37
40～	99	45
45～	81	58
50～	62	92
55～	56	74
60～	47	71
65～	56	110

（出典）『中小企業白書2005年版』p.233、第3-3-30図を加工

記において若年層中心としたのは、年齢別に1974年と2002年を比較すると（図表4-4）、39歳未満の若年層の自営業主が大幅に減少している一方、50歳以上が増加していることから自営業主の減少の主原因は若年層の開業の減少にあるからである。しかしながら初期投資からのみいえば、インターネット、携帯電話など通信機器の進展によってIT関連を中心にSOHO（Small Office Home Office）などの形態のサービス業においては逆に開業資金が低下している業種もある。

3. 起業家の類型化

(1) 開業阻害要因としての起業家イメージ

　若者が開業を躊躇する原因として、革新者としての起業家イメージの定着がある。

　わが国における起業家像は、社会を変革する「高いロマンに、リスクを感じながらも、果敢に挑戦し、自己実現を図るために、独立性、独創性、異質性、

さらに革新性を重視し、長期的な緊張感に耐えうる成長意欲の高い創業者」（松田［1996］p. 86）に代表されるようにヒーローとしての起業家像が定着している。さらに起業家の資質（entrepreneurial personality）は「成功した起業家の資質」として示され、「新しい事業を創造しようとするからには、普通の人にない企業家に備わっている特徴的な資質がある。（中略）それは使命感、ビジョン、情熱、独立志向、目的意識、不確実性に対する許容力、忍耐力、自負心、販売外向的手腕、自制心など」（森下［2003］p. 49）であり、たとえヒーローとまでは行かないにせよ、いずれも積極的に人生を切り開く革新者、開拓者、行動者、リスクテイカーなどとして捉えられてきた。

　起業家（アントレプレナー：entrepreneur）の概念は「機会を認識し、コーディネーター及び管理者として成功するという考え方を反映したものであるが、本来必ずしも新しいものやイノベーションを作り出すことを示唆するものでない。それは起業家が事業機会についてきわめて楽観的であることを含めて、リスクや不確かさを負うことを意味している（Reynolds and Curtin［2008］p. 168、邦訳 pp. 198-199）」というように、鍵となるのは「機会認識とリスクテイク」であり、革新性を前提とする概念では無い（川上［2006］p. 7）。

　しかし一方で、アントレプレナーシップ（entrepreneurship、起業家活動、起業家精神）は、シュンペーター（Joseph A. Schumpeter）の創造的破壊やドラッガーの「すでに行っていることをより上手に行うことよりも、まったく新しいことに価値、とくに経済的な価値を見出すことである。（中略）すなわち、起業家とは、秩序を破壊し解体する者である」（Drucker［1985］邦訳 p. 38）に代表されるように、変化もしくは経営革新を前提とした概念として捉えられている。既に述べたように、「起業家は革新的な存在」というイメージが定着し[8]、「『革新的な起業家精神』こそが唯一注目に値する、ベンチャーキャピタルの支援を受けている少数の企業のみが多大な貢献をするとみるようなイメージすらある（Reynolds and Curtin［2008］p. 168、邦訳 p. 199）」という状況となった[9]。それゆえ新規開業の促進の必要性が声高に叫ばれ、成長力

の高いベンチャー企業に経済構造改革の原動力を求めながらも、他方で「創業・ベンチャー＝リスクの高いビジネス（ハイリスク＝ハイリターン）」、「起業家＝リスク愛好家」、「創業者（起業家）の資質＝高いビジョンと高い行動力（清成［1997］pp. 256-258）」という起業家精神をもって積極果敢に行動する創業者像が創り上げられてきた。

「起業家とは特殊な才能を持った人物である」というイメージは、起業・創業を躊躇させることはあっても、起業家を目指す人々の後押しをするものではなく、さらにこれらの考え方は非自発的創業者やリストラ型創業者（unemployment entrepreneur）、さらには特殊な才能を持っているか、持っていると思わせる人物以外に対して、「にせの起業家（pseudo entrepreneur）」という表現すら使われる状況を現出した（Gavron et.［1998］邦訳 pp. 2-5）。

しかしながら現在では、起業家そのものが多様化し、さらに起業家の役割の中核である「革新」に加えて「雇用の創出」が加わった段階で、プロトタイプ的な起業家イメージは仮に一面で真実を捉えていたとしても、既に起業家を正確に表現したものではなくなっている。それゆえ「革新」を前提とする起業家精神とは別に起業家の概念を整理しなくてはならないのである。

(2) 起業家分類

スモールビジネスを、起業家と起業の目的から分類すると、ベンチャー企業家（venture entrepreneur）に率いられ、財務的裏付けを持ち、投資に対するインセンティブによって成長を志向するベンチャー企業（high potential-venture）、職人企業家（artisan entrepreneurs）による技術力を活かして得意分野のニッチで確固たる地位を持つ技術志向のスモールビジネス・マイクロビジネス（attractive small firms & microbusiness）、そして事業機会追求型企業家（opportunistic entrepreneur）の経営による（一般的な）ビジネス、そして生計を維持するために起業せざるを得ない、意図せざる起業による生業維持型企業がある（Longenecker, Petty, Palich and Moore［2010］pp. 14-15）[10]。

また Hornaday（1990）は、所有経営者（owner-manager）を設立動機から

類型化し、自分のしたい仕事をするために創業する「技術的起業家（craft owner-manager）」、ベンチャービジネスを起業して、積極的に経営する「専門的起業家（professional owner-manager）」、収益を最大限確保し、財産をつくることを目的とする「収益重視型起業家（promoter owner-manager）」の3類型を示している。Mazzarol and Rebound（2009、p.108）は「この3類型は独立した類型ではなく、一人の経営者の中で各要素が混ざりあって創られるものであり、専門的起業家と収益重視型起業家は成長とイノベーション志向を持ち、企業へのロイヤルティとキャリアにこだわるのが技術的と専門的起業家」であるとした。

そして事業継承の側面から分類すると、起業家の一代のみで完結するライフタイムビジネス（business for a lifetime）、狭義のファミリービジネス、段階的な経営者教育を経て事業継承を行う3代以上継続した（正式な）ファミリービジネスがある。さらにライフタイムビジネスには、結果的に事業継承が困難になり一代限りのライフタイムビジネスと、はじめから事業継承等を意識しないライフスタイルビジネス（life style business）に分類することができる。またスモールビジネスの活動領域においても、地域に根ざし地域を支える企業（コミュニティビジネス：community business）から国際的に拡がりを持つ国際的スモールビジネス（global small business）、設立当初から国境を意識しないボーングローバル企業（born global enterprise）、社会問題の解決を目指す社会起業家（social entrepreneur）による社会的スモールビジネス（social small business）等幅広く存在し、その経営者も女性起業家が急増するなどさらにその裾野が拡がりつつある。

これらのことから、あらためてスモールビジネスは「社会的、経済的に多様な役割を果たし、経済に貢献しているだけでなく、長期的安定性、地域社会への関与、所有者としての責任、そして彼らの示す価値においても重要」（EU[2009] p.5）であるという認識が欧州、米国において拡がり、スモールビジネスの経営学的研究の必要性が強調されるようになった。

スモールビジネスがこれらの多様な役割を果たすためには、スモールビジネ

第 4 章　起業家概念の変質と起業家社会の構築

スは、自ら経営力を創成し、その創成に不可欠な事業の継続性（ゴーイングコンサーン：going concern）を実現するマネジメントを確立しなくてはならない。

米国においては、「企業のダウンサイジングやアウトソーシングの浸透を背景に、個人事業主として企業と業務委託契約を結び、専門能力や技術力を活か

図表 4-5　米国における自己雇用

（単位：千人）

	2000	2005	2010
自己雇用合計	10,214	10,464	9,681
産業			
農業/関連産業	1,010	955	821
鉱業	12	11	20
建設	1,728	1,830	1,699
製造業	334	327	304
卸小売	1,221	1,251	962
運送	348	442	360
情報	139	126	139
ファイナンス	735	785	641
専門サービス	1,927	1,957	1,999
教育/健康サービス	1,107	1,071	1,100
レジャー・娯楽	660	674	610
その他	993	1,036	1,028
職業			
マネジメント・プロフェッショナル	4,169	4,085	3,928
サービス関係	1,775	1,774	1,885
販売・事務	1,982	1,986	1,586
鉱業、建設、メンテナンス	1,591	1,864	1,635
製造、交通、輸送	698	756	647

（出典）Source：U.S. Bureau of Labor Statistics, "Employment and Earnings Online," January 2011 issue, March 2011, Table606.

して働くインディペンデント・コントラクター（independent contractors）[11]が1980年代後半から急速に増加しているが（リクルートワークス研究所［1999］pp.10-11）、このインディペンデント・コントラクターは自己雇用者の範疇に入るが、ゴーイングコンサーンを前提としていないインディペンデント・コントラクターは本書で対象にするマイクロビジネスの範疇に入らない（図表4-5）。

この視点からみればスモールビジネス（マイクロビジネス）のもっとも解決しなければならない問題は、経営者のライフサイクルと企業のライフサイクルが同期化し、経営者の高齢化とともに企業も成熟・衰退し、経営者の引退と共に廃業するライフタイムビジネスである。

この典型的な例が、スモールビジネス、マイクロビジネスが中心となって形成してきた地方都市の商店街などの従来型商業集積の商業ブライト（blight：衰退）である。これも外部要因だけでなく、事業の内部要因として経営者のライフサイクルとライフタイムが、本来ならばライフタイムが異なる商業集積のライフタイムを決めてしまい社会問題すら引き起こしているのである。

(3) 創業動機（目的）からの類型化

動機・目的が、起業を成功に導くための能力やスキル、そしてどのように起業したかと密接に関わっていることから、起業家を創業動機・創業目的からみる。

ストーリー（Storey［1994］）やバーンズ（Burns［2001］）は、過去に繰り返し行われてきた人口統計的要因である結婚、経験、性別、パーソナリティ、子供、年齢、社会階層、管理職の経験、賃金、倫理、学歴などの要素は、自営業の選択に関する影響要因（起業に関する要因）として証明できないとした。

同様にレイノルズとカーティン（Reynolds and Curtin［2008］p.168、邦訳p.247）は、「創業の立ち上げプロセスに関連する主要因―年齢、性別、民族的背景―は、新会社の創業という立ち上げプロセスの完了の成果には全く影響を及ぼさないことが明らかになった」と創業者の単一的プロフィールと成果の関

係を否定した。彼らは「明らかになったことのなかでも重要な点は（中略）起業家個人の状況、志向あるいは動機を表す120の変数に関して、新会社創業との統計的に優位な関係は見られなかったことである。結果はきわめて簡明である。事業開業の成功は、新規起業家の特質では無く、立ち上げプロセスにおいて何がなされたのかが問われる。重要なのは、起業家が誰では無く、起業家が何をするかである（p.248）」とし、起業を活発にするために重要なことは、起業家の特質をことさら強調することではなく、起業のプロセスの中で必要とされる起業家の能力をいかに高めることができるかであることを示している。

ここでは起業プロセスに大きく係わる創業要因、創業動機から起業家を見る。

図表4-6　創業動機の推移

創業動機	1995	2005	2009	セルフコントロール型	技術/専門型	所得重視型	社会起業家型
収入を増やしたかったから	47.2%	11.0%	12.1%			◎	
自由に仕事がしたかったから	13.2%	17.9%	16.6%	◎			
事業経営という仕事に興味があったから	3.1%	13.0%	13.2%	○	◎		
自分の技術やアイデアを事業化したかったから	0.4%	10.1%	12.5%	○	◎		
仕事の経験・知識や資格を活かしたかったから	25.0%	28.1%	25.8%		◎		○
趣味や特技を活かしたかったから	0.3%	1.9%	2.2%	◎			○
社会の役に立つ仕事がしたかったから	1.3%	5.6%	4.5%		○		◎
年齢や性別に関係なく仕事がしたかったから	2.8%	3.0%	2.5%	◎		○	
時間や気持ちにゆとりが欲しかったから		2.7%	2.5%	◎			
適当な勤め先がなかったから	0.4%	2.5%	2.4%				
その他	5.2%	4.2%	5.6%				

（出典）新規開業調査の個票データより筆者が作成.

まず創業動機の推移（図表4-6）を見ると、1995年では「働きに応じた収入を得たい（33.8%）」と「勤務者よりも多くの収入を得たい（13.4%）」の2項目からなる「収入を増やしたかった」が2009年では大幅に減少している。一方、「自分の技術やアイデアを事業化したかったから」、「自由に仕事をしたかったから」、「事業経営という仕事に興味があったから」、「社会に役に立つ仕事がしたかったから」が増加している。

わが国において雇用社会のスタートとなり、自営業主の比率の比較対象となった1950年代のアメリカでは、逆に「小事業所有者は、人びとが再び大企業の社会的有効性に疑問を持ち始めた時に、アメリカの伝統的価値の一層強力な象徴となった。1950年代は一般的に大順応（great conformity）の時代として描かれたが、大企業の同質化勢力（homogenizing forces）に対して強い疑念が持たれた時期であった（Dicke［1992］邦訳 p. 219）」。人びとは『孤独な群衆（The Lonely Crowd）』（1956年）、『ホワイトカラー（White Color）』（1951年）、『灰色のフランネルスーツを着た男（The Man in the Gray Flannel Suite）』（1956年）はいずれも「巨大で非人間的な組織の増加によって生み出されたアメリカ社会の変化に対して、深刻な疑問を投げかけた（Dicke［1992］邦訳 p. 220）」ものであり、小事業所有が見直され、「あなた自身がボスになる」という意識がスタートしていた。わが国においても「自分の裁量で仕事をしたい」という意識が高まってきていることは、雇用者社会や会社組織に対する疑問が同様に生じてきていることを示している。また「年齢に関係なく働きたい」「時間的・精神的余裕」が創業動機にあげられるのは、高齢者や女性の起業意識が問題解決的に出てきたものと、いわゆるライフスタイル企業家（lifestyle entrepreneur）の両方の要因がある。

創業動機と起業家の類型化を重ね合わせると、「収入を増やしたかった」という所得重視型、「自由に仕事がしたかったから」「趣味や特技を活かしたかったから」、「時間や気持ちにゆとりが欲しかったから」というセルフコントロール重視型（ライフスタイル起業家）、「自分の技術やアイデアを事業化したかったから」「事業経営という仕事に興味があったから」など個人目標に重点を置

いた技術・専門型、「社会貢献」などの社会起業家型に類型化できる。このように動機、目的においてもさまざまな要因が一人の起業家（創業者・開業者）の中で輻輳化しており、成功した起業家から導き出されたプロトタイプ的な起業家像は限定的に扱う必要があり、起業家の必要とする能力や技能、政策的支援の必要性などは多面的に扱っていかなければならない。しかし動機や目的が具体的にどのように事業と結びつくかは不明であるが、それが職業選択としての創業に繋がるとすれば創業動機から起業家をみることは有用である。

(4) 創業形態による分類

起業家を類型化する上でもっとも一般的な方法が、創業（起業）形態による類型である。これは退職後、退職企業とは関係を持たない「スピンオフ型」[12]、退職したが、その会社と関係を持つ「のれん分け型」、企業の方針で分社または関連会社としての起業である「分社化」、勤務経験無く独自に起業する「独自型」の4類型である。この創業形態のおよそ半分を占めているのが「スピンオフ型」であり、続いて「のれん分け型」、「分社型」、「独自型」となっている[13]。

1950年代からの4類型の構成推移をみると、昭和30年代までの主流は独自型であった（図表4-5）。この独自型は年齢の若い創業者が中核であり、「仲間数人と小売業やサービス業などで比較的小規模で開業したもの」（『中小企業白書1994年版』、第5部第1章）であった。しかし20歳代の創業者は昭和50年代に半減し、30歳代も昭和60年以降急減するのに従って独自型は大幅に減少した（図表4-7、図表4-8）。これは既に述べたように、若年層の創業者にとっては、経営の高度化、技術の高度化、競争の激化、そして創業資金の高額化への対応等から創業の困難性が高まったことによる。

次に新規開業の特徴を日本政策金融公庫総合研究所の「新規開業調査（2007年）」の個票データから見てみる[14]。

開業者を開業直前の仕事の離職理由によって類型化すると、自発的に離職し自らの意思で開業した「自発型」、定年を機会にした「定年型」、解雇、勤務先

図表 4-7 創業形態の推移

(単位：%)

	独自型	スピンオフ型	のれん型	分社型	その他
昭和 30 年代	46.2	25.6	10.3	17.9	
昭和 40 年代	28.8	40.7	10.5	20.0	
昭和 50 年代	21.0	43.8	13.1	22.2	
昭和 60 年代	17.8	47.2	10.4	24.6	
平成元年	15.4	45.4	11.1	28.1	
平成 13 年	6.0	43.9	16.1	23.6	10.4
平成 23 年	6.9	44.2	21.8	12.5	14.5

(出典) 昭和30年代〜平成元年まで『中小企業白書1994年版』第5-1-3図、それ以外は『中小企業白書2011年版』第3-1-13図

図表 4-8 創業者の創業時の年齢（創業時期別）

(単位：%)

	29歳以下	30〜39歳	40〜49歳	50歳以上	(60歳以上)
昭和 29 年以前	31	44	16	9	
昭和 30〜39 年	25	42	20	13	
昭和 40〜49 年	27	40	21	12	
昭和 50 年〜59 年	13	45	27	15	
昭和 60〜平成 2 年	7	32	34	27	
平成 3〜5 年	5	27	35	33	8.7
平成 6〜7 年	3.2	21.7	35.9	39.2	13.2
平成 8 年〜	4.1	19.7	25.4	50.8	17.1

注：50歳以上には60歳以上を含む。
(出典) 中小企業庁「中小企業創造的活動実態調査」平成9年及び10年、『中小企業白書』、1997年版第4-1-18図、1999年版第1-7-12図

の倒産、・廃業、事業部門の分離、縮小・撤退に伴う退職による「リストラ型」となる。

　この中で「自発型」は全体の74.5%を占めているものの、「リストラ型」も16.2%を占めている。すなわち自らの意思で創業を選ぶ起業家が大半を占めて

第 4 章　起業家概念の変質と起業家社会の構築

図表 4-9　離職時年齢と離職理由

	自らの意思による退職	定年退職	リストラ計(右の4項目の合計)	事業部門の縮小・撤退に伴う退職	勤務先の倒産に伴う退職	勤務先の廃業に伴う退職	解雇	その他	無回答	合計
20歳代	89.4%	0.0%	8.5%	4.3%	2.1%	0.7%	1.4%	2.1%	0.0%	100.0%
30歳代	83.4%	0.0%	11.3%	4.6%	1.0%	3.4%	2.3%	2.6%	2.6%	100.0%
40歳代	75.0%	0.0%	15.9%	4.8%	2.9%	5.3%	2.9%	5.5%	3.6%	100.0%
50歳代	60.6%	2.1%	29.1%	13.4%	4.5%	7.9%	3.4%	4.5%	3.8%	100.0%
60歳代	35.1%	28.7%	20.2%	6.4%	6.4%	6.4%	1.1%	11.7%	4.3%	100.0%
合計	74.5%	2.1%	16.2%	6.4%	2.6%	4.7%	2.5%	4.3%	3.0%	100.0%

(出典) 新規開業調査 (2007) の個票データより筆者作成

図表 4-10　離職型と開業の契機

	取引先から勧められた	開業に必要な資格、免許を取得した	自己資金が蓄積できた	資金調達(自己資金以外)のめどがついた	独立に必要な技術や知識などを習得できた	経営上のパートナーが現れた	積極的開業契機(左の6項目の合計)	勤務先の将来に対して不安があった	勤務先に対して不満があった	その他	合計
自発型	6.2%	6.2%	5.3%	10.3%	28.8%	5.4%	62.3%	15.9%	14.1%	7.7%	100.0%
定年型	3.0%	9.1%	6.1%	15.2%	18.2%	30.3%	81.8%	0.0%	0.0%	18.2%	100.0%
リストラ型	11.8%	3.4%	3.4%	13.5%	19.4%	5.5%	57.0%	17.3%	6.8%	19.0%	100.0%
その他	7.1%	5.4%	5.4%	16.1%	17.9%	17.9%	69.6%	7.1%	5.4%	17.9%	100.0%
合計	7.1%	5.8%	5.0%	11.1%	26.6%	6.5%	62.1%	15.4%	12.3%	10.2%	100.0%

(出典) 新規開業調査 (2007) の個票データより筆者作成

いるものの、起業や創業に十分な知識を持たないまま、自分の意思に反して開業・創業する非自発的起業家も 20% 弱を占めている（図表4-9）。特に 50 歳代では「リストラ型」の比率が 29.1% と他の年代に比べて高く、また「リストラ型」の離職—開業の 60% が 40・50 歳代に集中している[15]。

さらに創業に踏み切ったきっかけを見てみると、「独立に必要な技術・知識

の習得」、「開業に必要な免許・資格」、さらに「取引先のすすめ」などの「積極的開業要因」による開業者は、「自発型」62.3％、「定年型」81.8％、「リストラ型」57.0％となっている（図表4-10）。しかし「自発型」においても「勤務先の不安や不満」も30.0％あり、複雑な要因が混ざり合って開業という結果を生み出していることが分かる。これは定年型でも同様であり、あくまで「定年型」とは契機となった主要な要因が「定年」であり、「リストラ型」とはリストラが主な要因であるに留まる。このことから創業は離職理由からも類型化が可能であるが実際には複合的な要因から職業選択の一つとして創業を選んでいることが分かる。所得増大、自己実現、裁量労働、社会貢献等の積極的理由から起業した「能動的起業家」、②生計目的等の消極的理由から起業した「受動的起業家」（『中小企業白書2011年版』pp.202-203）と二者択一的に捉えるよりも、創業者の複合的な意識を前提に起業家を捉える必要がある。

4．リスクと起業家概念

　アントレプレナーを他のモノと区別する特徴として強調されてきたのは機会認識とリスクテイク（ハイリス・ハイリターン）である[16]。しかしながら失業対策としての雇用吸収力を起業家の役割とする場合には、その役割上、逆にローリスク・ローリターンが求められ、リスクの視点からはこの両者は対極にある。

　この中で、通常の創業に比べて事業継続の可能性が高く、投資回収可能リスクをかなり抑えることができる創業（独立・開業）機会（ミドルリスク・ミドルリターン）であるフランチャイズシステム（フランチャイジング）は、既に起業の選択肢として定着をしている[17]。

　バイグレイブ（William D. Bygrave [1996]、邦訳 p.247）は起業形態としてフランチャイジングを選ぶ起業家について「自分の性格やマネジメントスタイルが、フランチャイザーや他のフランチャイジーとのビジネスの中で、業務上の決定権を共有するのに順応できるもの」と述べ、同様にボロイアン

(Boroian Donald. D. & Patrick J. Boroian) もフランチャイザーとフランチャイジーの関係について「相互に利害を抱えるパートナー、共通目標の達成に向けての協調（邦訳、p.5）」を強調し、ランチャイジーの性格と業務的特徴について「一般的に、腕の良いフランチャイジーというのはルールに対して従順である。彼らを音楽家にたとえるならば、楽譜を与えられると抜群の演奏を披露するタイプのミュージシャンということになる。（中略）彼らの得意とする分野が物事の遂行や推進にあるということだけであって、何かを生み出したり、飛躍させたりすることではないというだけにすぎない」と述べている。すなわち「フランチャイジーは法的に独立しているとはいえ、フランチャイザーによって設定され要求される詳細な運営規準に従わなくてはならない（Dicke ［1992］p.7）」のである。このようにフランチャイジーは業務上の決定権の共有への順応と引き替えに独立性を手放し、成功率の高いビジネスを購入することから、フランチャイジング起業は、基本的に低リスクを前提に成立する[18]。

しかしリスク認識度とフランチャイズ加盟理由（図表4-11）をみると、フ

図表4-11　リスク認識度とフランチャイズ加盟理由

	高リスク、高成長	低リスク、高成長	高リスク、低成長	低リスク、低成長
事業内容が魅力だったから	27.9%	24.6%	25.0%	21.9%
ノウハウがマニュアル化されているから	7.0%	7.0%	0.0%	6.3%
技術やノウハウを習得しやすいから	11.6%	8.8%	0.0%	9.4%
仕入や商品開発は本部に任せられるから	2.3%	3.5%	0.0%	6.3%
経営に関する指導を受けられるから	4.7%	7.0%	0.0%	0.0%
少資金で開業できるから	2.3%	12.3%	25.0%	18.8%
フランチャイズ・チェーンのブランドを利用できるから	27.9%	22.8%	25.0%	28.1%
その他	7.0%	1.8%	0.0%	0.0%
無回答	9.3%	12.3%	25.0%	9.4%
合計	100.0%	100.0%	100.0%	100.0%

（出典）新規開業調査（2007）の個票データより筆者作成

ランチャイズシステムの鍵となるブランド力については、高リスク・高成長可能性という「急成長事業」と低リスク・低成長可能性という「安定的な事業」の両面で強調されているものの、成長可能性からは、成長可能性が高くなるにしたがってリスクの受容度も高くなっている。同様に「小資金で開業できるから」という理由では、小資金ゆえに、「高リスク・低成長可能性」において高くなっており、小資金事業ゆえにリスク面で妥協しなくてはならない事業として認識されている。また「高リスク・高成長可能性」および「低リスク・低成長可能性」と認識されている事業におけるリスク意識には加盟と非加盟の差はない。これらの分析から、フランチャイズ加盟は非加盟に比べ高リスクの比率が低く、フランチャイジングはリスク低減効果を持つという創業者の意識を裏付けているが、リスクに対する認識は、フランチャイズシステムの安定性に依存している。

次に開業年齢とリスク度合（図表4-12）を見てみると、年齢の低い方が「成長可能性の高さ」を重視し、年齢が高くなるにしたがって、「低リスク、安定成長」とリスクヘッジしていることが分かる。「リスクは高いが、成長可能

図表4-12　年齢別・リスク認識度

開業リスク	20歳代	30歳代	40歳代	50歳代	60歳代	全体
リスクは高いが、成長可能性も高い	30.2%	32.3%	28.5%	24.3%	18.6%	28.2%
リスクは低く、成長可能性は高い	35.5%	32.5%	33.2%	32.6%	34.2%	33.1%
リスクは高く、成長可能性は低い	3.3%	4.6%	5.2%	4.9%	5.0%	4.7%
リスクは低いが、成長可能性も低い	17.6%	18.7%	20.8%	24.0%	31.7%	21.3%
いずれにも該当しない	10.2%	9.3%	7.3%	9.2%	5.6%	8.6%
無回答	3.3%	2.7%	4.9%	5.0%	5.0%	4.1%
合計	100.0%	100.0%	100.0%	100.0%	100.0%	100.0%

(出典) 新規開業調査（2007）の個票データより筆者作成

第4章　起業家概念の変質と起業家社会の構築

性が高い」という高リスク事業は30歳代においてもっとも高く、それ以降年齢が高くなるにしたがって小さくなる。このことからリスクをとっても大きな成長機会を探るのは30歳代であり、40歳代以降は低リスクを志向する傾向にある。これは年齢が高くなると、特に50代以上ではやり直しができないこと、30歳代では高校生以上の子供がいる家庭はほとんどないが、40歳代では44%

図表4-13　退職理由別・リスク認識度

		自立型	定年型	リストラ型	解雇	勤務先倒産等	事業部門縮小等	合計
加盟	高リスク、高成長	24.4%	100.0%	22.2%	0.0%	20.0%	20.0%	26.7%
	低リスク、高成長	46.5%	0.0%	22.2%	0.0%	30.0%	30.0%	39.2%
	高リスク、低成長	2.3%	0.0%	5.6%	0.0%	10.0%	10.0%	2.5%
	低リスク、低成長	20.9%	0.0%	33.3%	100.0%	20.0%	20.0%	22.5%
	該当なし	5.8%	0.0%	5.6%	0.0%	0.0%	0.0%	7.5%
	無回答	0.0%	0.0%	11.1%	0.0%	20.0%	20.0%	1.7%
	合計	100%	100%	100%	100%	100%	100%	100%
独立（非加盟）	高リスク、高成長	29.2%	24.5%	26.4%	24.3%	24.4%	29.4%	29.0%
	低リスク、高成長	32.9%	19.8%	31.7%	27.0%	36.1%	28.4%	32.6%
	高リスク、低成長	4.8%	0.0%	5.7%	5.4%	5.9%	5.5%	4.9%
	低リスク、低成長	21.6%	17.4%	21.5%	29.7%	20.2%	20.2%	21.5%
	該当なし	8.3%	4.7%	8.7%	8.1%	7.6%	10.1%	8.4%
	無回答	3.2%	1.2%	6.0%	5.4%	5.9%	6.4%	3.7%
	合計	100%	100%	100%	100%	100%	100%	100%

（出典）新規開業調査（2007）の個票データより筆者作成

と教育費の負担、家族への責任意識が原因として考えられる。

　さらに退職理由別・リスク認識度（図表4-13）をみると、自立型では高成長可能性の認識がフランチャイズへの加盟、非加盟にかかわらず強いのに対し、リストラ型・フランチャイズ非加盟では高成長可能性への志向が強く、フランチャイズ加盟では低リスク・低成長の安全志向が強くなっている。このことからフランチャイジングを起業手段として選択する場合には、退職理由が事業選択の重要な要因となっていることが分かる。

　フランチャイジーはリスクテイクとは無縁であり、彼らは「にせの起業家」という認識があるが、実際にはフランチャイズシステムの選択には一定程度のリスクが存在しており、リスク面からもアントレプレナーの特質を満たしている。

5. 起業家社会の構築のために（まとめ）

　起業家社会とは、職業の選択肢の一つとして起業が存在し、起業が社会の活力を生み出している社会である。起業家社会は、起業家の特質で示された能力を持ち得るプロトタイプ的起業家のみによってつくられるのではなく、「創造的破壊」「リスクテイク」という2つの行動的基準の取り扱いにも明確に前提を付けて認識すべきである。Bhide（2006、p.8）は、多くの創造的な商品やサービスはシュンペーターのいう創造的破壊を伴うものではないことを示しているが、イノベーションが長期的には創造的破壊に繋がるにしても、短期的にそれが創造的破壊であるかどうかを議論し、起業家を位置づけることはできない。またリスクについても、起業・開業・創業活動が積極的に高いリスクを取っているか否かという側面からのみ捉えるべきではない。

　またベンチャー起業家の対極として捉えられてきた自営業主も、ベンチャー企業の苗床（nursery, seedbed）としての役割を担っていることが分かる[19]。

　2008年度新規開業実態調査の個票を分析すると、個人経営によって開業した後、法人化した企業は全体の5.5%であり、自営業は一定割合で法人企業の

第 4 章　起業家概念の変質と起業家社会の構築

苗床となっている。これをフランチャイズ企業の加盟後の異動によってみると、個人でフランチャイズに加盟したのちに法人化したフランチャイジーは 11.4% と倍以上の実績を残している（サービス・フランチャイズ研究会 [2003]）。

　また起業家を生み出す環境としてしばしば指摘されてきたのは起業家の「家庭環境」である。松田（1996, pp. 100-101）は「人間は、生まれ育った家庭環境の影響を受けるのは確かである。特に親の職業は、日々の行動や会話を通して、子供に影響を与え、子供が自然にビジネスの内容や方法論を学ぶはずである。（中略）（設立年代別の独立起業家の親の職業は）設立年代を問わず常に高いのは、自営業であり、企業経営者と合算すると常に 40% 前後である」としており起業家の育成環境にとって自営業が重要な役割を果たしてきたことを示している。また中小企業庁「中小企業創造的活動実態調査」（10 年 12 月）は、創業者の父親の職業では、会社経営者が 3.8% と家庭環境が経営者になろうとする姿勢に影響する（『中小企業白書 1999 年版』p. 282）としているなど、自営業は起業家を生み出す苗床としての役割を果たしており、自営業の減少は自営業そのものだけでなく、起業家の苗床を喪失していることとなる。

　また失業のバッファー（safety net）としての自営業の役割も、起業の選択肢が SOHO、インディペンデント・コントラクター、定年後起業など多様化になっている状況では変化している。仮に欧米において失業率が高いために、失業のバッファーとして自営業を選択し自営業数が増加したことが事実であったとしても、自営業が多様化した現在では、起業に失敗した時に再就職先を容易に探せる状況にある方が、自営業しか選択できないよりも起業への挑戦者を増加させると考えられることから、自営業の数の増加と失業者の関係において、自営業者の増加理由を失業者の増加としたり、自営業者の数が増加しない理由として安定した職業社会を上げることも正しくない。

　さらにベンチャー企業や急成長企業であるガゼル（gazelle）は多くの雇用を生み出すとされ、政策的な補助対象となるが、職歴の中断（the break of career path）が増加する中で、雇用の創出には、いわゆる起業家が率いる

「ハイテク企業やベンチャー企業というよりも、労働集約的な業種に属する企業であった（村上［2007］p.240）」ことからベンチャー企業は雇用創出、普通の企業・自営業は限定した雇用のみ、という図式も同様に見直しが求められている。

また大学卒業と同時に大企業へ就職するという一つのコースは大学生の増加と大企業の従業員数の横ばいを考えればもはや保証されたものではない。その意味ではスモールビジネスにおいて技術を身につけた人材が起業・創業に進んでいくことは、起業家社会にとってプラスになることはあってもマイナスにはならない。

失業者の駆り立てられた新規開業（pushed）は起業であるかどうかを議論しても意味は無い。起業家は誰であるかではなく、何をするかで起業家を判断することが必要であるからである（Bryson and White［1996］）。

このことから戦後の自営業の役割は、既に述べたとおり失業のバッファーからベンチャー企業の予備軍（reserve）であり苗床へと役割を拡げており、起業家概念もその幅を拡げなくてはならない。

謝辞

　本論文における開業者の分析に当たり、東京大学社会科学研究所附属社会調査・データアーカイブ研究センターSSJデータアーカイブから「自己雇用者（≒自営業者）に関する実態調査」、「新規開業実態調査」（1991年、1995年、2007年、2008年、2009年）、日本政策金融公庫総合研究所（寄託　国民生活金融公庫総合研究所）の個票データの提供を受けました。ここに御礼申し上げます。

【注】

(1) 英国の大不況については富田（1997）を参照のこと。
(2) IT起業家への期待は1999年にITバブル（.com bubble）がはじけると縮小したものの、ITによる社会経済構造の変化は依然大きく、その必要性は拡大し続けている。
(3) 『中小企業白書2011年版』（pp.186-202）は「①起業が促す経済の新陳代謝と新規企業の高い成長力、②起業による雇用の創出、③起業が生み出す社会の多様性」を起業の意義としている。

第 4 章　起業家概念の変質と起業家社会の構築

(4) Burns (2001) は、困難な創業に立ち向かう人びとの中で、自営業を含めた創業者を Heros と呼び、さらに社会を変革する起業家を Super-heros と呼んでいる (pp. 24-46)。
(5) 2008 年において倒産した上場企業件数は 34 件となり最高数となった（上場廃止後に倒産した倒産エー・エス・アイを含む）。2009 年は一連の景気刺激策や緊急保証制度等が一定の効果を上げ、年後半は建設業を中心に減少し、上場企業の倒産も 20 件に減少した（しかし戦後 3 番目）。2010 年は（株）日本航空、（株）武富士など 9 件となった。しかし全体の倒産件数は金融円滑化法等の金融支援策などの効果から企業が資金繰り破綻を回避できたことから 1 万 1,658 件と減少した（帝国データバンク「倒産集計」より）。
　一方、「第 18 回 2008 年度新入社員　半年間の意識変化調査」((財) 社会経済生産性本部) によると、全体の 39.5% が現在の会社に一生勤めたいとしている。数字は 4 年連続で上昇し、1998 年の過去最低であった 14.2% から 2.8 倍となっている。
(6) 自営業主は法人化すると雇用者の中の役員となる。自営業主の法人化はすなわち雇用者化となるが、ここでいう雇用者社会は自営業主の減少と雇い人数の増加を意味している。
(7) 事業者対被雇用者の収入割合の 1973 年から 2003 年までの時系列表（『中小企業白書 2005 年版』p. 238、第 3-3-39 図））によると、製造業では 1994 年以降、卸売・小売業、飲食業では 1989 年以降、サービス業ではこの全期間 1.0 を下回っており、収入面での優位性は見られない。
(8) わが国ではベンチャー企業─起業家活動─起業家精神─シュンペーター、─経営革新──ドラッカー─イノベーションというような単純な連想からもこのイメージが形成されてきた。
(9) 起業家、企業家についての考察は、川上義明氏の「企業生成・発展の変動要因としての企業家」の 6 部作、福岡大学商学論叢 I．51 (2/3) pp. 155-167、II 52 (1) pp. 1-23、III 52 (2) pp. 169-190、IV 53 (1)、pp. 1-16、V 53 (3)、pp. 253-279、VI 54 (1)、pp. 1-28、VII 54 (1)、1-28、2006 年〜2009 年、および清成忠男 (1998) pp. 151-193 を参照のこと。
(10) ベンチャーエンタープライズセンター (2010, p. 11) は、これを「生計確立型起業家」と呼んでいる。
(11) インディペンデント・コントラクターとは、「企業のダウンサイジングやアウトソーシングの浸透を背景に、個人事業主として企業と業務委託契約を結び、専門能力や技術力を活かして働く人々である。プロジェクト毎に離合集散を繰り返しながら進められるシリコンバレー地区の情報通信系ベンチャーにおいて急速に発展したものである。このインディペンデント・コントラクターの出現は、雇用せずに優秀な人材をプロジェクトに参加させて、あたかも社員のように活用する、という選択肢を企業経営者に提供したことになるだろう」(リクルートワークス研究所 [1999] pp. 10-11)。
(12) スピンオフが中小企業白書にはじめて登場したのは、昭和 55 (1980) 年版の第一部第 4 章であった。1980 年にはスピンオフはもっとも多い創業形態になっていた。
(13) ここでいうスピンオフ型起業とベンチャー企業における「スピンオフ」とは使い方が異なる。経産省産業技術環境局によるスピンオフ研究会（平成 15 年 4 月報告書）は「い

わゆる『スピンオフ』とは、親元企業の支配下にある子会社でもなくスピンアウトした独立ベンチャーでもない、いわば両者の中間に位置するもので、親元企業が技術・人材・資本等の事業の資源をベンチャーという形態で外部にスピンオフ（分離）するものである。スピンオフにより、大企業にあっては、コア事業への資源の集中等による収益率の向上や、機動性の欠如等自らの弱点を補いつつ新たな事業ドメインの開拓を行うことが可能となり、スピンオフベンチャーにあっては、大企業における眠れる技術基盤をベースに、より起業リスクを軽減しつつベンチャー企業本来の自律性を確保した事業展開が可能となる。スピンオフは、親元企業からは独立した新しいタイプのベンチャー企業を創出し、当該ベンチャー企業が、革新的なイノベーションや新事業創出の担い手となり、我が国経済の活性化の切り札ともなり得るものでもある。これは、ベンチャー創出という観点からは、従来の『種を蒔く』から『苗を植える』という発想の変革でもある」としている（pp. 7-8）」。

(14) 本論文で用いた開業者に関するデータは、東京大学社会科学研究所附属社会調査・データアーカイブ研究センター SSJ データアーカイブから「新規開業実態調査（1991 年、1995 年、2007 年、2008 年、2009 年）」（日本政策金融公庫総合研究所）〕の個票データを使用した。図表において特に個票データ年が記載されていないものは 2009 年調査データを使用している。

(15) 2009 年の調査では 2007 年に比べて 30 歳代のリストラの比率が 8.8% から 15.9% まで急増しており、2007 年に 70% を占めていた 40、50 歳代の比率は 60% まで下がった。

(16) 「起業家は、それらと比較対象される雇われ経営者のグループほどリスク愛好家ではないことが明らかになっている（中略）かれらは特にリスクを好むのではなく、他の人びとであれば（正しくても、間違っていても）心配するようなことをリスクとは余り考えない。あなたが本当のリスク愛好家に会いたいならば、地方の馬券売り場を訪れなさい」（Gavron, Cowling, Holtha, and Westall [1998] 邦訳 p. 3）

(17) フランチャイズシステムへの加盟動機のおよそ半数（48.1%）が創業・起業である。

(18) しかし独立型起業家とフランチャイズを購入して創業するフランチャイズ起業者との間のリスクに対する意識の違いについて検証すると、リスクと成長可能性についてみると、「開業リスクを低い」と認識している起業家はフランチャイジング加盟で 58.6%、非加盟で 54.2% と加盟の方が低リスクと認識して開業しているが、「リスクは高いが、成長可能性も高い」とする項目では差が無く、「フランチャイジング＝開業リスクの低さ」のみを認識しているとは言えない。

(19) 髙橋（1996）は自営業についてベンチャー企業の貯水池（reservoir）という表現を使っている。

第5章

スモールビジネスとフランチャイズ・システム

　わが国において、フランチャイズ・システム（フランチャイジング）が「ギルド」や「座」のように国などによって与えられた「特権」ではなく、流通の一形態として使用されたのは、1907年に米国スタンダード石油が導入した特約店・代理店システムからである。これ以降、わが国のフランチャイジングは系列システムの一つとして発展した（小嶌［2003］）。

　戦後、新しいビジネスモデルとしてフランチャイジングが登場したのは、1963年であり、その後、外食産業やコンビニエンスストアの発展とともに産業として確立した。

　平成に入り、職歴の中断の増加、経済のサービス化や経済構造の変革の担い手として新規開業、起業、そしてベンチャービジネスが注目されると、事業継続の可能性が高く、投資回収可能リスクを抑えることができる創業（独立・開業）機会として、フランチャイジングが注目を集めることとなった。

　本章は、フランチャイジングの概念、発展過程をふまえたフランチャイジング分類、そしてフランチャイジングの優位性の源泉を示した上で、創業機会としてのフランチャイジングについて述べる。そして既に産業として確立したフランチャイジングが、スモールビジネスと大企業の相互関係の中で、今後とも健全に発展し、新たな役割を遂行するための方策を探る。

1. わが国経済におけるフランチャイズの地位と役割

(1) フランチャイズの現状

　フランチャイジングは、わが国の経済において既に大きな役割を果たしている。JFA フランチャイズ統計調査（日本フランチャイズチェーン協会）によるとフランチャイジングは、2011 年度において 1,260 チェーン、238,838 店舗、売上高 21 兆 6,167 億円をあげている。これは小売業（2009 年度）では店舗数の 8.2%、売上高の 10.7% を占め（経済産業省「商業統計」2009 年の小売業における比率）、外食産業でも売上高の 16.4% を占めている（外食産業総合調査研究センター「外食市場規模」における 2011 年の比率）。また小売業フランチャイズチェーンの中でもコンビニエンスストア・チェーンは、チェーン数においては 7.5% に過ぎないが、店舗数では 50.9%、売上高では 59% を占め、主要な小売ビジネスモデルとなっている。

　わが国のフランチャイジングは、1963（昭和 38）年に小売業の不二家とサービス業のサニクリーン（現ダスキン）、そして外食産業の A & W から始まり、その後、さまざまな業種に拡がった（小嶌 [2006]）。フランチャイジングの業種単位での拡がりを主要な参入業種で確認すると、1960 年代後半はパン・洋菓子、ラーメン、ダストコントロールが相次いでフランチャイジングによるチェーン展開を開始し、70 年代に入るとコンビニエンスストア、持ち帰り弁当や寿司チェーンが参入してフランチャイジングの基盤を構築した。さらに 80 年代には居酒屋、宅配ピザ、学習塾、90 年代にはセルフコーヒーや住宅リフォーム、介護・託児サービスなどサービス業のチェーンが相次いで参入し、小売業、外食業、サービス業という 3 つの主要分野によるフランチャイジング産業の構造が確立した。2000 年以降では宝石・貴金属や携帯電話の買い取りなどの中古品市場、外食では讃岐うどんのブームに支えられてうどん店などが急速に店舗数を拡大した（小嶌 [2006]、日本フランチャイズチェーン協会 [2003] pp. 282-283）。

第5章　スモールビジネスとフランチャイズ・システム

図表 5-1　フランチャイズチェーン数、店舗数、売上高（2012 年）

	チェーン数	店舗数	売上高（百万円）
総計	1,286	245,263	22,228,691
小売業	340	97,133	15,705,058
(CVS)	25	50,206	9,383,002
外食業	538	56,773	3,910,196
サービス業	408	91,357	2,613,437

（出典）「2012 年度 JFA フランチャイズチェーン統計調査」（平成 25 年 10 月）

図表 5-2　フランチャイジングのチェーン数、店舗数、売上高（百万円）推移

年度	チェーン数	店舗数	売上高	年度	チェーン数	店舗数	売上高
1983	512	67,518	3,443,539	1998	923	192,450	16,190,025
1984	588	86,908	3,985,910	1999	968	195,335	16,585,846
1985	596	89,267	4,515,362	2000	1,048	205,609	16,871,437
1986	617	99,579	5,160,834	2001	1,049	209,980	16,996,271
1987	626	104,488	5,939,078	2002	1,063	215,710	17,368,873
1988	626	113,267	6,357,701	2003	1,074	220,710	17,868,851
1989	666	118,650	8,013,949	2004	1,088	225,957	18,722,286
1990	680	123,365	8,857,254	2005	1,146	234,489	19,388,889
1991	688	127,821	10,158,676	2006	1,194	235,440	19,603,579
1992	703	131,506	10,936,852	2007	1,246	235,686	20,303,777
1993	714	139,788	11,421,647	2008	1,231	230,822	20,808,749
1994	734	146,045	12,254,036	2009	1,223	231,666	20,803,124
1995	755	158,223	13,058,716	2010	1,233	234,146	21,381,415
1996	803	177,196	14,181,817	2011	1,260	238,838	21,616,660
1997	890	189,556	15,175,989	2012	1,286	245,263	22,228,691

（出典）JFA フランチャイズ統計資料（各年版）

図表5-3 フランチャイズチェーン売上高平均成長率

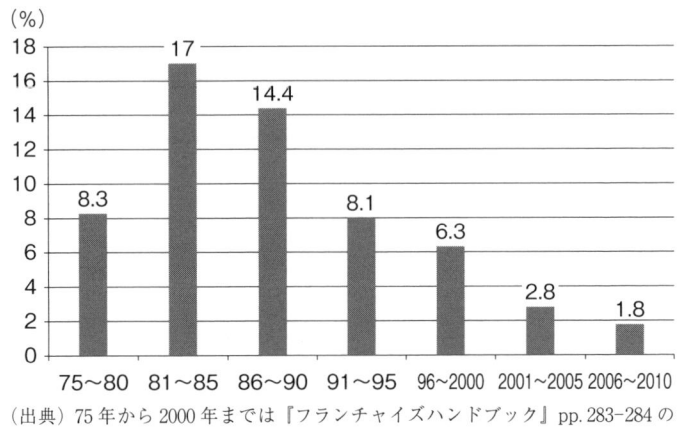

期間	成長率(%)
75~80	8.3
81~85	17
86~90	14.4
91~95	8.1
96~2000	6.3
2001~2005	2.8
2006~2010	1.8

(出典) 75年から2000年までは『フランチャイズハンドブック』pp. 283-284の表1、2000年以降はフランチャイズ統計調査から筆者算出。

　このように急拡大してきたフランチャイジングであるが、フランチャイズチェーン協会が1976年に統計を取り始めてからはじめて、2008年度にチェーン数と店舗数が減少した。2009年度にはチェーン数が連続して減少し、はじめて売上高が減少したが、店舗数は回復し、2011年度には再びチェーン数、店舗数、売上高は過去最高となった（図表5-2）。

　2010年以降では格安レンタカーなど社会構造の変化を捉えた新たなビジネスモデルを持って新規参入が続いておりフランチャイジングの成長を支えている。しかしその売上高成長率は減少しており、産業として成熟した（図表5-3）。

(2) フランチャイジングの成長過程

　フランチャイジングは、戦前から石油販売業などに採り入れられ、戦後も自動車販売業や家電販売などで広く採用されてきた。しかし当事者にはフランチャイジングという意識はなく、系列システムの一種として浸透・発展してきた。系列関係においては、構成員の独立よりも「親子関係」などに代表される経済的関係を越えた相互関係が強調されてきたことから、両者ともに独立した

第5章 スモールビジネスとフランチャイズ・システム

組織間の関係という視点は失われ、しかもフランチャイジングの前提となる契約に対する意識も希薄なままであった（小嶌［2003］）。

これらのことから諸外国のフランチャイジングにおいて絶えず存在した組織間のコンフリクトのほとんどは系列内で処理され、系列としてのフランチャイジングにおいては、組織内のコンフリクトが法律問題にまで発展した例は、組織内で発生したコンフリクトの数に比べて極めて少数にとどまり、結果として社会問題化することは希であった（小嶌［2005］）。

1960年代からフランチャイジングが各種小売、サービス分野に拡大することによって、フランチャイジングを一つのシステムとして販売するシステム・フランチャイザー（system franchisor）が急成長し、その統一された店舗やブランドマークを持つフランチャイズチェーンは、身近な存在となった。しかしながら戦後の大半の期間において、依然国民の関心は国の成長を支えるべき大企業の成長に向けられ、中小企業に対する認識は格差問題型の認識論が中心であったことから、小企業のチェーン組織であるフランチャイジングに対する意識や期待も決して高くなかった（格差問題型認識論については第2章を参照のこと）[1]。それゆえフランチャイジングの主要な分野となっている商業分野においても、中小商業の保護・格差の是正・近代化・高度化という政策の中心は、既存の独立商を前提としたボランタリーチェーン（voluntary chain：任意連鎖店、自発的連鎖店）[2] におかれた。

しかし1969年の第二次資本の自由化によって飲食業の100%自由化が実現するとケンタッキー・フライドチキンやマクドナルドなどのファーストフード外資が次々と参入し[3]、さらに1972年に（社）日本フランチャイズチェーン協会（JFA）が設立されるとフランチャイジングは本格的にパブリシティ（publicity）を獲得し、フランチャイズ・ブームが起こった[4]。しかしブームによって参入したフランチャイジング企業は玉石混淆であり、JFAの設立趣旨の第一にフランチャイズ企業の道義的行為の確立が挙げられたことに象徴されるように、フランチャイジングはその成長とともに弊害防止を課題としなくてはならなかった（東京経済［1986］pp. 14-15）。

(3) フランチャイジングの創業機能

　平成に入ると上場企業の倒産が相次ぐ中、大企業の若手社員ですら自分の定年まで会社が存続することに確信が持てなくなっており、被雇用者の意識段階では終身雇用制度は既に幻想となった。しかも非正規雇用者（パート・アルバイト、派遣社員など非正規の職員・従業員）は、平成20年7～9月期では1,779万人、全雇用者に占める割合も34.5%まで増加し、わが国の雇用形態を変えた（総務庁「労働力調査」長期時系列データ、「参考表9 雇用形態別雇用者数）。

　このように平成不況を機に始まった職歴の中断（the break of career path）、産業構造改革への対応策の一つとして新規開業の促進やベンチャー支援の必要性が認識されると、フランチャイジングの重要な機能である創業機能（独立・開業機能）が注目を集めることになった。

　すでに第4章の「開業阻害要因としての起業家イメージ」において述べたように、国民は、一方で成長力の高いベンチャー企業に対して産業構造改革への原動力を求めながらも、他方で「創業・ベンチャー＝リスクの高いビジネス（ハイリスク＝ハイリターン）」という図式にとまどい、かつ企業家の資質特性として列挙される「高いビジョンと高い行動力（清成［1997］pp. 256-258)」等がそのまま創業者（起業家）の資質、創業者像とされたこと、まして起業家＝リスク愛好家的な認識が伝えられると、人々は開業や創業に対してたじろぎ開業率の低下が続いた。しかしベンチャー企業や開業に対するリスクに関する検証も、一般的創業とベンチャー創業に分けてリスクの高低が論じられることもなく、また創業者自身のリスクへの感度を含めたリスクもやはり十分に検証されることなくこれらのイメージだけが一人歩きした。

　さらに創業やベンチャーに関して忘れられているのが、企業の倒産やリストラによって職を失った人々に対する雇用機会（就業機会）としての視点であり、創業・起業に対して十分に知識も経験も持たない人々の視点である。この非自発的創業（自営）もしくは、にせの起業家と呼ばれる創業者に対しても、やはりリスクや創業者資質が別個に検討されることもほとんどなかった（Gavron et.［1998］邦訳 pp. 2-5)。

　これらの問題の解決の一つが創業機会としてのフランチャイジングの役割であり、フランチャイジングは、独自創業における事業継続の可能性、投資回収可能性におけるリスクをかなり抑えることができるシステムとして普及した。たとえば英国フランチャイズ協会（British Franchise Association）は、フランチャイジングの優位点の一つとして、創業から5年経過した事業の継続率は、独立創業の場合には45%に留まるが、フランチャイジングでは96%であったとし[5]、オーストラリアでも独立開業と比較するとフランチャイジングにおける成功率は2.5倍[6]、米国においても小独立開業の全国平均失敗率が70%を越えている中で、ほとんどのフランチャイズ会社は失敗率を10%以下に抑えることに成功した（Emmons［1970］邦訳 pp. 20-21）とされ、適度なリスクと適度なリターンを持つフランチャイジングが新規開業・雇用機会として有用な選択肢であることが示された[7]。

2. フランチャイジングの定義

　用語としてのフランチャイジング（franchising）は長い歴史を持っているが、これが流通手段（a method of distribution）を表す用語として用いられるようになったのは、19世紀後半であった（Kursh［1968］邦訳 pp. 5-7、Dicke［1992］邦訳 pp. 4-5）[8]。現在ではフランチャイジングは多種多様な業種・業態において使用され、その使用方法・形態も同様に広範で多様であり、用語としてのフランチャイジングは使用主体によってさまざまに用いられている。

　この中には現在主流となっているビジネスフォーマット・フランチャイジング以外にも、ライセンス（license）、特約店（dealer）、代理店（agent）、流通業者（distributor, jobber）など多くの取引関係においてフランチャイズ（もしくはフランチャイズ・システム、フランチャイジング）という用語が使用されている。このことから用語としてのフランチャイジングはフランチャイズ購買予定者からフランチャイザー、フランチャイジーそして行政担当者に至るま

で、言葉の齟齬に配慮することなしには議論をすることができない状況となっている。それゆえ、まずフランチャイジングそのものを、必要要件と特徴から定義づけ、次に下位概念としての形態別フランチャイジングの定義を、その形態が発生した過程を概説した上で明確にする。

（1）用語としてのフランチャイズの定義

　経営・マーケティング用語としての「フランチャイズ」は、①ある会社によって個人や組織に与えられる各種ライセンス（license）、②販売権、③それらを含む販売地域[9]などの権利そのものを指す用語であり、それを使用したマーケティング・システム（フランチャイザーの事業活動）を表す場合に「フランチャイズ・システム」「フランチャイジング」が使用される。しかし実際にはその用語が発祥した欧米においても、事業活動を含めて「フランチャイズ（franchise）」という用語がしばしば用いられている。

　わが国においては「フランチャイジング（franchising）」と「フランチャイズ」は区別して使用されることの方が少なく、日本フランチャイズチェーン協会の登録事業運営規定の用語定義でも「フランチャイズ」が双方の意味で使用されている。また公正取引委員会の定義、経産省（当時は通産省）[10]ではフランチャイジングの意味で「フランチャイズ」が使用されているが、これはフランチャイズ・システムの略語として用いられているものである。しかし今後は、創業機会としてのフランチャイジングが重要になる一方、法律・権利問題としてフランチャイズの内容そのものが議論の対象となると考えられることから、両者を混同して使用することは産業としてのフランチャイジングの健全な発展の障害ともなりかねないため、あえて両者を区別して使用すべきである。

　システムであるフランチャイジングの要件（components）は、①事業体の独立性、②権利の付与と対価の支払い、③継続的契約の3点である。この要件からフランチャイジングをまず包括的に定義すれば、「フランチャイジングとは独立した事業者（フランチャイザー：franchisor）が他の独立した事業者（フランチャイジー：franchisee）に対して商品の販売やその他の事業を行う

第5章　スモールビジネスとフランチャイズ・システム

図表5-4　フランチャイジングの定義

国・協会	定義
International Franchise Association（IFA）（米国）	フランチャイジングは、製品もしくはサービスを流通させる一つの手法である。フランチャイズ・システムは少なくともフランチャイザーとフランチャイザーからなり、フランチャイザーは、商標もしくは商号そしてビジネスシステムを使用させ、フランチャイジーは、フランチャイザーの名称とシステムを使用して事業を行う権利に対してロイヤルティと通常は加盟金を支払う。 　厳密には、両者を結びつけている契約がフランチャイズであるが、しかし、この用語は、しばしばフランチャイジーが運営する実際の事業の意味に使用されている（IFAのHP（2002/10/09））。
日本フランチャイズチェーン協会（「登録事業運営規程」（定款第四十一条の規程による登録事業に係わる業務の方法に関する基本的事項）の第三条（1）用語の定義）	フランチャイズとは、事業者（「フランチャイザー」と呼ぶ）が他の事業者（「フランチャイジー」と呼ぶ）との間に契約を結び、自己の商標、サービスマーク、トレード・ネームその他の営業の象徴となる標識、および経営のノウハウを用いて、同一のイメージのもとに商品の販売その他の事業を行う権利を与え、一方、フランチャイジーはその見返りとして一定の対価を支払い、事業に必要な資金を投下してフランチャイザーの指導および援助のもとに事業を行う両者の継続的関係をいう。
公正取引委員会「フランチャイズ・システムに関する独占禁止法の考え方について」昭和58年9月20日付　公正取引委員会事務局文書　2.（1）一般的な考え方）	フランチャイズとは、定義によってその範囲に広狭が生じるが、一般的には、特定の商標、商号又はそれらの一部、サービス・マーク等を使用させ、加盟者の物品販売、サービス提供その他の事業・経営について、統一的な方法で統制、指導、援助を行う事業形態であるとされている。しかし、我が国のフランチャイズは、近年発展してきたこともあって、実は旧来みられたのれん分け、通常の代理店制、委託販売制、ボランタリー・チェーン等に類するものが事業上の便宜のためフランチャイズという名称を使用しているにすぎないものも混在しており、また、形式的には上記の定義に該当するようにみえても、指導、援助についてその実態を伴わないものもあることから、独占禁止法の適用を考えるに当たっては事業形態の呼称にとらわれず、先ずその実態を十分把握しておかなければならない。

権利（フランチャイズ：franchise）等を契約（フランチャイズ契約：franchise contract）によって与える継続的なマーケティング・システム（marketing system）」である[11]。

またフランチャイジングの代表的な形態にはプロダクト・フランチャイジング（product franchising, product-and-trade-name franchising）とビジネスフォーマット・フランチャイジング（business format franchising）があり、形態や運営方法によって、さらにシステム・フランチャイジング（system franchising）などの中間形態が両者の間にスペクトル（spectrum）に存在している（図表5-5）。

3. フランチャイズ・システムの発展過程

(1) 流通の手段としてのフランチャイジング[12]

18世紀後半に始まった産業革命は、工場生産や蒸気機関などの動力源の革新によって生産量と流通範囲を飛躍的に拡大させた。製造業者は生産技術が急速に進化する中、限られた経営資金を生産技術開発と設備に特化して投資せざるを得ず、販売は卸売業を中心とする商業資本に全面的に依存していた。しかしこれらの技術革新は既存の製品の大量生産技術だけでなく、同時に社会的に新しい製品群（新製品）も生み出した。

この新製品とは、マコーミック社（McCormick Harvesting Machine Company）の農機具やシンガー社（Singer Sewing Machine Company）のミシンなどのように社会的に新しく、高価で、しかも修理などのメンテナンスにおいて製造業者との関係が必要な製品であった。しかし既存の商業者はこれらの新製品を取り扱うこともできなければ、取り扱う意志もなく、新製品の製造業者は結果的に自ら販売網を構築せざるを得なかった。これらの製造業者は、資金をはじめとして経営資源が不足していたことから直営組織（company-owned stores）によって販売網を構築することができず、契約によって商業者を代理店（exclusive local agent）として起用し、配置すること（契約型システム

によって販売網を構築した。この契約によって製造業者が与えた独占的販売地域分与等がフランチャイズ（特権）であった。

この商業者が卸売業者であるのか、小売業者であるのかは商品特性や需要量、需要の分散などの市場特性によるが、通常、その製造業者の製品のみで店舗の品揃えが完結できる場合には小売業者が、小売店にとって取扱商品の一つにとどまる場合には、卸売業者が代理店となった。代理店も1950年から60年代のマコーミック社のようにきわめて限られた生産設備と輸送上の制約を持っていた場合には、製品の製造権を含めた特定地域の販売許可がフランチャイズ（product and manufacturing franchise）として与えられた[13]。この時点におけるフランチャイジングは経営資源の欠乏を補いながら広範囲に販売する唯一の方法であった。

その後、自動車販売においてもフランチャイジングが採用されたが、自動車もまた社会的に新、高価、メーカーとの関係の必要な商品であり、既存の流通機構はこの製品に対応することができず、自動車メーカーももっとも有効な流通の方法としてフランチャイジングを選択した。結果的に自動車フランチャイジングは専属的販売地域の確立の結果として大きな成功を収めた。

(2) システム・フランチャイジング（system franchising）[14]

フランチャイジングのシステムとしての発展は、石油精製会社によってもたらされた。米国においては、早くも1920年代にモータリゼーションが始まっていた。T型フォードの発売によって自動車が爆発的に普及し、石油会社に対し、自動車の普及にあわせた給油設備（ガソリンスタンド）の拡充を迫った。モータリゼーションが始まった時点までには、石油産業は既に均一の品質を持った製品の生産が可能な規模の生産設備を持つ巨大な企業によって構成され、灯油を中心とする石油製品の販売経路も確立されていた。結果として消費者は、石油製品（ガソリン）の購買においては、自動車のように製造業者によって品質等の格差のある製品と異なり、その品質の違いを購買基準に加える必要がなかった。それゆえ精製会社と販売会社間の取引における主な競争手段

は価格であり、販売会社は価格によって容易に購買先を変更することができた。石油精製は装置産業であり、装置の稼働率がコストに直結することから、価格に左右されない安定した販売経路を確保する必要に迫られた。しかも燈火燃料としての石油製品に比べて自動車用の燃料の消費量は比べものにならないほど多かったことから、ガソリン販売には地下タンク、給油ポンプ、そしてタンクワゴン（タンクローリー）などの設備機器への投資が必要となった。このことから石油会社は既存の流通経路をそのままでは使用できず、さらに未知の事業であったガソリン販売業に積極的に投資する販売業者もほとんどなく、結果的に石油会社は自ら給油所を建設せざるを得なかった。しかしひとたびガソリンスタンドという革新的業態が投資に足るビジネスであることを、石油会社のガソリンスタンドが証明すると、多くの業者が一斉にガソリン販売業に参入した。短期間に石油会社の直営施設の構成比は小さくなり、石油会社はそれらの独立系販売業者との関係を構築する必要が生じた。1つの給油ポンプのみの「スタンド」（isolated）が主流の時期には、石油会社はポンプ段階で商標を掲示していたが、自動車市場の拡大に対応して、ガソリンの複数グレート化が進行すると、従来、複数ブランドを扱っていたガソリンスタンドは施設の制約から、単一のブランドを選択する必要に迫られた。ガソリン販売が究極的に価格に依存する競争である以上、低価格販売を実現できるコスト優位はもっとも重要な競争要因であり、輸送コストを削減する複数油種の一括配送、取引コストを下げる継続的な関係はそのままコスト優位の源泉となった。結果的に石油会社・特約店の両者にとってこれらの条件を充たすフランチャイジング（系列販売方式）は有効な販売・仕入れ方式として選択されていった。

　しかもガソリンは製品間の差別化が困難であるために、石油会社は水平的競争に対する手段として専属化した店舗の高度化（差別化）を進めた。それが店舗全体を対象としたブランド・ロイヤルティ（brand loyalty）の確立のためのさまざまな手段の確立であり、店舗の外観からユニフォーム、店頭サービスまでの標準化の推進であった。結果的に「店舗を選択することによって石油会社を選択する」システムを確立し、ガソリンという石油製品は、標準化された店

第5章　スモールビジネスとフランチャイズ・システム

舗において、標準化されたサービスとともに販売される製品となった。石油会社は給油所の施設の改善、サービスの標準化、ガソリン以外の油外商品の品揃えの拡大を競って行い、専属化した特約店（dealer）は石油会社の競争単位として組み込まれていった。この段階では、扱われる製品はもはや単なる製品（ガソリンというジェネリック商品：generic products）ではなく、拡張された製品（augmented products）であり、プロダクト・フランチャイジングは販売する商品を越えてシステム・フランチャイジングとなった。

　石油会社のフランチャイジングへの取り組みは、ジェネリック商品の差別化が店舗の差別化によって達成可能であることを証明し、サービス業のフランチャイジングへ道を開いた。自動車用品のウエスタン・オート（Western Auto, Kansas City）は、1909年に提携特約店プログラム（an associated dealership program）を開始している。ウエスタン・オートは立地選択、品揃え、広告、信用、店舗設計、新規開店、従業員教育までを提供した。しかしウエスタン・オートは石油会社と同様に手数料を取ったり、ロイヤルティ（royalty）を取ったりせず、これらのサービスは製品卸価格の中に含めて販売されていた（Justis・Judd［2002］pp. 1-8）[15]。

　1925年に特製アイスクリームによって成功したハワードジョンソン（Howard Johnson）は、自社店舗網による拡張を目指したが、資金調達が困難であったことから、自社のフォーマット（レストランシステム）を複製したレストランの建設と運営を、すべての食材・運営用物品（サプライ品）をハワードジョンソンから購買することを条件に提供する、フランチャイジングを開始した。ハワードジョンソンのフランチャイジング・システムは、既に、店舗の建設から会計処理、店頭サービスから非食品のサプライまで、運営のすべての面を包括していた（Dicke［1992］pp. 212-214）。

　これらの石油会社、ウエスタン・オート、ハワードジョンソンのフランチャイジングは、現在のビジネスフォーマット・フランチャイジングのフランチャイズ・パッケージ（franchise package）のほぼすべての構成要素を既に含んでいたが、重要なことは、石油会社は提供した広範なサービスから収益をあげ

ていたのではなく、あくまで石油製品の販売から収益を得、同様に当時のウエスタン・オート、ハワードジョンソンもまたサプライの販売から収益をあげており、広範に提供したサービスからではなかった。すなわちこの両者の目的は（自社）製品の販売及びフランチャイジーから得た収益で自社販売網の拡大を行うか、生産設備を拡張することにあり、さまざまなサービスはあくまで製品を販売する手段にすぎなかった。それゆえこのシステム・フランチャイジングは、目的において、基本的には農機具会社や自動車会社と同じであり、プロダクト・フランチャイジングの一つに分類できる。

(3) ビジネスフォーマット・フランチャイジング

　米国においては、システム・フランチャイジングからビジネスフォーマット・フランチャイジングへの転換は、フランチャイジーが専属的・安定的な製品の販売先でなくなった時に起こった。システム・フランチャイジングの基礎は、継続的長期取引契約（フランチャイズ契約）の中の商品の仕入先指定などの拘束条項にあった。この拘束条項の根拠としては品質管理基準が当初認められていたが、最終的には業務遂行基準に移行することによって、フランチャイジーの供給独占は崩れ、市場との競争にさらされることになった[16]。ここからフランチャイジングは製品やサプライの供給を収益源にしたシステム・フランチャイジングから、証明済みのビジネスフォーマット（フランチャイズ・パッケージ）をそのまま利用する権利（フランチャイズ）を販売するビジネスフォーマット・フランチャイジングに移行した。

　わが国においても、公正取引委員会は、「フランチャイズ・システムに関する独占禁止法上の考え方について」（昭和58年9月20日公正取引委員会、平成14年4月24日同改訂）において、「（取引先の制限）本部が加盟者に対して、商品、原材料の注文先や加盟者の店舗の清掃、内外装工事等の依頼先について、正当な理由がないのに、本部又は本部の指定する事業者とのみ取引させることにより、良質廉価で商品又は役務を提供する他の事業者と取引させないようにすること」を一般指定の第14項（優越的地位の濫用）に該当する行為

第 5 章　スモールビジネスとフランチャイズ・システム

としている。しかしこの拘束条項は、「あくまで本部が加盟者に対して、フランチャイズ・システムによる営業を的確に実施する限度を超えた場合に適用されるものであり、その限度内に留まる場合には、直ちに独禁法上問題とはならない」とされている。事実、わが国においては、ビジネスフォーマット・フランチャイジングを志向したフランチャイザーでも、フランチャイジーを専属的サプライ供給市場と捉える見方が米国に比べて強く残っている。これは一方で、「ノウハウなど無形財への支払いよりも、商品などの有形財の支払いの方が納得を得られやすいという風土（藤居［2001］p. 164）[17]」に合致するものの、他方で「飲食ビジネスなどでの拘束的サプライ供給が問題となりつつある（黒川［2001］pp. 171-172）」[18]。今後、フランチャイジングが産業として健全に発展するためには、この種の拘束条項を最低限に保つか、フランチャイズの構成要素からサプライの供給に関してはアンバンドリング（unbandling）を進め、サプライ供給を、フランチャイザー自身がサプライ供給市場における競争の結果として選択された結果として位置づけるべきであり、この点からも真のビジネスフォーマット・フランチャイジングへの移行が必要とされている。

4．フランチャイジングの分類

(1) フランチャイジング企業

　フランチャイジングの発展過程で述べたように、自動車販売やガソリンスタンドは、本来、フランチャイジング産業の主な構成員であり、その大きな売上高は一貫してフランチャイジング産業そのものを支えてきた。しかし1970年代から始まったフランチャイジング・ブームは、フランチャイジングへの意識を根本的に変えた。この意識の変化とは、新チャネル開拓・中小企業の大手小売チェーンへの対抗策から、ファーストフードをはじめとするサービス業の独立開業機会等を指し、今後大きくのびる夢のあるわくわくするようなビジネスチャンスと捉えられた。当時のフランチャイジー募集広告は、「Franchise is a Way of Life（フランチャイズは人生の道）（ダスキン）」、「成功へトライ（日

本飲料コンサルタンツ）」、「あなたは主役になれる人です（東食ウインピー）」と新しい豊かな時代とともにやってきたビジネス機会を強調した。

　フランチャイジングに対する市場評価によって影響を受ける企業をフランチャイジング企業とし、それら（フランチャイジング企業）によって形成されている産業をフランチャイジング産業と呼ぶならば、自動車販売やガソリン販売をフランチャイジング企業の範疇に含めることは適切でない[19]。米国においても、自動車販売とガソリン販売は、1980年から1993年まで行われていた米国フランチャイジング統計（Franchising in The Economy, The US Department of Commerce）[20]には含まれていたが、1996年からはこの両者は統計（The Profile of Franchising：A Statistical Abstract of UFOC Data, UFOC：Uniform Franchise Offering Circulars, IFA Educational Foundation, Inc）の対象となっていない。同様にオーストラリアの統計においてもフランチャイジングは、①ビジネスフォーマット・フランチャイズ・システム（business format franchise systems）、②自動車フランチャイズ・システム（motor vehicle franchise systems）、③ガソリン販売フランチャイズ・システム（major auto fuel retail franchise systems）に分類され、この自動車販売、ガソリン販売とフランチャイジング企業は別個のものとして扱われている。それゆえにこれ以降の議論については、フランチャイジング産業を構成するフランチャイジング企業に限定して考察を進める。

　オーストラリアのフランチャイジングの統計分類に見られるように、自動車販売とガソリン販売の二大分野をのぞくと、フランチャイジング産業はすべてビジネスフォーマット・フランチャイジングによって構成されているように見られるが、実際にはさまざまな形態のフランチャイジング企業によって構成されている。

(2) フランチャイジングの分類

　フランチャイジングには、既に発展過程でのべたように、代表的なフランチャイジングの形態としてプロダクト・フランチャイジングとビジネスフォー

マット・フランチャイジングがある。この両者はシステム・フランチャイジングが登場した後は、もはや商標やノウハウの提供という次元からは区別することは困難となったが、両者は主たる収益源において明確に異なっている。すなわちプロダクト・フランチャイザーの主たる収益は、商品・サプライ供給（販売）によってもたらされるのに対し、ビジネスフォーマット・フランチャイジングの収益は、フランチャイジング・パッケージの提供に対する対価であるロイヤルティによる。プロダクト・フランチャイザーは、かつては製品の生産に大きな投資を行い、あくまで販売の手段としてフランチャイジングを捉えていたフランチャイザーを指したが、サービス業に拡大した後は製品の生産に限定することなく、収益が商品やサプライの販売からもたらされているフランチャイザーを指す。

　ここでいうフランチャイズ・パッケージとは「①フランチャイザーの商標、サービスマーク、チェーン名称を使用する権利、②フランチャイザーが開発した商品やサービス、情報など、経営上のノウハウを利用する権利、③フランチャイザーがフランチャイジーに継続的に行う指導や援助を受ける権利（日本フランチャイズチェーン協会［2003］pp.350-351）」から構成されている。このフランチャイズ・パッケージの主な構成要素は、創業間もないスモールビジネスでは利用できない各種のビジネス・ツールが重要な位置を占めている。それはメディア広告をはじめとする販売促進であり、税務・経理など会計に関する専門的な知識であり、各種の経営管理手法である。すなわちビジネス・フォーマット・フランチャイジングにおいては、フランチャイザーは、会社運営のすべての面を網羅したフランチャイズ・パッケージを通して、「事業の成功のための機会」を販売するのであり、販売される製品が何であるかはもはや問題とはならない。

　プロダクト・フランチャイジングにおいては、フランチャイジーは基本的には生産者の専属的販売組織への参加者（participant）であり、統制対象としての販売業者となる。すなわちこの方式では、フランチャイザー（生産者）はフランチャイジー（販売業者）に販売するのではなく、あくまでフランチャイ

ジーを通して最終消費者に販売していることになる。一方、ビジネスフォーマット・フランチャイジングの場合には、フランチャイジーは直接のビジネス対象である最終顧客となる。

さらにプロダクト・フランチャイジング（広義）には、主に生産設備へ大きな投資を行う製造業者を中心とするプロダクト・フランチャイジング（狭義）とサービス業を中心とするシステム・フランチャイジング、そして通常はプロダクト・フランチャイジングへの展開過程で見られるプロセッシング・フランチャイジングがある。

次に契約形態からフランチャイジングを分類すると、契約店舗数によって単一店舗フランチャイジング（unit franchising）と複数店舗契約が可能な複数店舗フランチャイジング（multiple-unit franchising）、特定地域の店舗開発権を与えるエリア・フランチャイジング（area franchising）、特定の地域や国のフランチャイジング開発権利を与え、事実上その地域においてフランチャイザーとして行動するマスターライセンス・フランチャイジング（master license franchising）がある。マスターライセンス・フランチャイジーは、その地域でサブ・フランチャイジー（sub franchise）を採用してフランチャイジングを展開する。

そして店舗施設一式をフランチャイザーが建設整備し、その施設の運営権をリースとともにフランチャイジーに与えるのがターンキー型フランチャイジング（turn-key franchising）である。この方式には石油会社が米国において1920年代半ばから採用したリース・ライセンス方式（lease and license system）やわが国のマネージャーサプライ（マネプラ方式）、特約店に店舗等をそのまま土地と建物をリースするカンパニー契約がこれに該当する。この方式はプロダクト・フランチャイジングにもビジネスフォーマット・フランチャイジングにも使用されている。

またピギーバック型フランチャイジング（piggyback franchising）とは、店舗内の一部のスペースを別のフランチャイジングに提供するものである。たとえば、自動車ディーラー店舗内の携帯電話販売フランチャイジングや大型スー

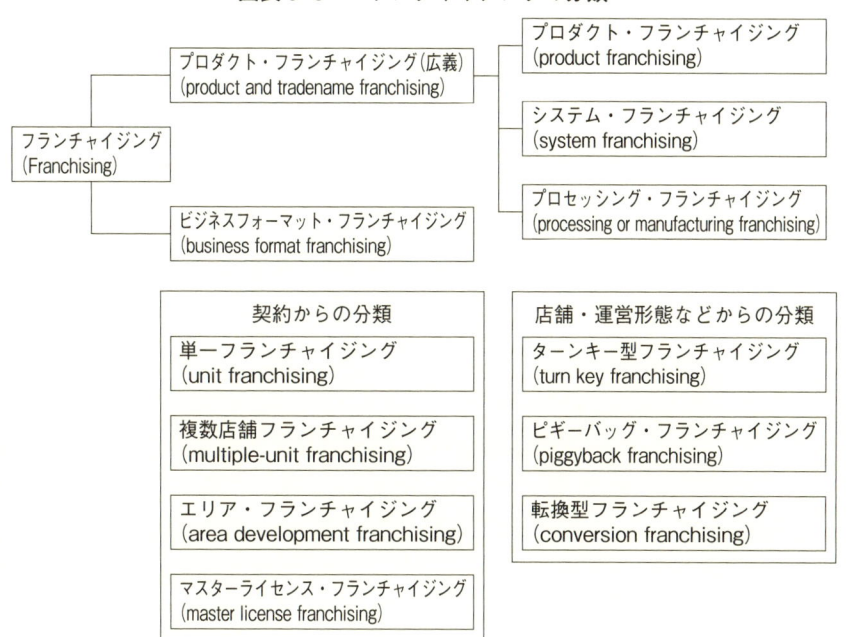

第5章　スモールビジネスとフランチャイズ・システム

図表5-5　フランチャイジングの分類

```
フランチャイジング ─┬─ プロダクト・フランチャイジング（広義） ─┬─ プロダクト・フランチャイジング
(Franchising)      │  (product and tradename franchising)     │   (product franchising)
                   │                                           ├─ システム・フランチャイジング
                   │                                           │   (system franchising)
                   │                                           └─ プロセッシング・フランチャイジング
                   │                                               (processing or manufacturing franchising)
                   └─ ビジネスフォーマット・フランチャイジング
                       (business format franchising)
```

契約からの分類	店舗・運営形態などからの分類
単一フランチャイジング (unit franchising)	ターンキー型フランチャイジング (turn key franchising)
複数店舗フランチャイジング (multiple-unit franchising)	ピギーバッグ・フランチャイジング (piggyback franchising)
エリア・フランチャイジング (area development franchising)	転換型フランチャイジング (conversion franchising)
マスターライセンス・フランチャイジング (master license franchising)	

（出典）筆者作成

パー店舗内の各種フランチャイジングが該当する。この場合の自動車ディーラー店舗や大型スーパーの店舗をホスト店舗（host store）と呼ぶ（Longenecker・Moore・Petty［1997］p.68）。

　また急速に拡大しているのが転換型フランチャイジングである。これは既存業者を対象とした一種の業態開発であり、独立した不動産屋のフランチャイジング化を進めたセンチュリー21や酒屋などから業態転換によってコンビニエンスストアを開設する場合である。マキューゾとボロイアンは、転換フランチャイジングに適した業種として、「地域性や独自の結束力をもたないもので、たぶんにそれぞれの個性や運営のあり方が個人的信用に立脚しているもの」を挙げている。また転換型フランチャイジングの短所として「個人独立事業主が、自分がこれまで遂行してきた商売のやり方や屋号に対する思い入れが強

く、時として統一したサービスとか、方法のもつ組織パワーを活用することに躊躇したり、無視したりするケースが多い」(Mancuso・Boroian [1993] 邦訳 p.34) とボランタリーチェーンが持つ短所と同様な課題を抱えていることが分かる。

フランチャイジングに対する行政の認識は、60年代末までは、「VCの発展過程の一段階としてFCがあるのであり、独立した政策展開はまったく考慮されていなかった」(矢作 [1993] p.65)。これは既存業者のチェーン化であるボランタリーチェーンの発展形態であり、ボランタリーチェーンの成長が低下する中で、逆にこの転換型フランチャイジングは急速に成長している。

5. フランチャイジングの優位性

フランチャイジングの優位性 (advantage) の基盤はチェーン・オペレーションによってもたらされる経済的優位性である。ここでいうチェーン・オペレーションとは、「小売商業に固有の小規模分散的な特質を克服して経営規模を拡大し、集中的大規模化を実現する (横森 [2002] p.190)」ものである。

レブハーは、チェーンストア方式について「概括的に云えば、チェーンストア方式とは、二以上の小売販売の店舗を使用することを本体とする商品販売の一方法であり、これ以上またはこれ以下の何物でもない (Lebhar [1963] 邦訳 p.10)」とし、チェーンの利益としては、「二以上の単位店舗によって商売を遂行していくという事実に、その直接の原因を求めることができよう。何故ならば、これらの利点の大部分は大量の販売量から生ずるものであり、チェーンストアが達成し得る大量販売は主として、それが経営する店舗が多数あることに依存しているからである (Lebhar [1963] 邦訳 pp.10-11)」としている。チェーン・オペレーションが経済的優位性の基盤になっていることはレギュラー、コオペラティブチェーン (cooperative chain) そしてボランタリーの各チェーンとも異なることはない。

チェーン・オペレーションがもたらす経済的優位性は、規模の経済性と分業

の利益から構成されている。規模の経済性とは、原材料の仕入れ、商品の仕入れから店舗の備品・設備の購買にいたる「大量仕入れからもたらされる優位性」と単独店では不可能な広告・宣伝活動がチェーン化によって可能になるという「マス・マーケティング力」からもたらされる。そして2番目の分業の利益とは、本部（フランチャイザー）が仕入機能を実施し、分散立地した店舗（フランチャイジー）が販売機能を遂行することで効率的な機能遂行が可能であること、そして単独店では不可能であった商品開発、仕入、広告というマーケティング機能から店舗開発、店舗設計、税務・会計、金融、労務など遂行すべき機能ごとに専門職を配置すること（分業）が可能になることである。すなわちフランチャイジングは、大企業の効率的・専門的な事業運営（チェーン・オペレーション）をスモールビジネス経営に持ち込むことによって機能するシステムである。

　さらにフランチャイジング・チェーンに特有の分業としては、フランチャイザーが既に述べた実証済みの成功した製品やシステムというフランチャイズ・パッケージを提供し、フランチャイジーが事業拡大に関する経営資源を提供することである。フランチャイジーが提供する経営資源とは店舗開設に伴う資金、店舗運営の人材等であり、これによってフランチャイザーは投下資本を節約しながらチェーン・オペレーションの優位性の基礎となる多店舗展開が可能になる。

　一方、フランチャイジーにとっての優位性とは、成功実証済みの製品やノウハウによって構成されるフランチャイズ・パッケージと継続的な教育支援などのシステムを活用することで、創業から事業運営のリスクを回避することができることにある。従来は創業リスクの回避が大きな優位性となっていたが、現在では消費者ニーズや競争環境の変化の速度が激しいために、店舗や業務の風化を防ぐための継続的な製品開発や業態開発が不可欠となっており、継続的システム洗練化プロセスからもたらされる優位性が極めて重要となっている。かつては創業ノウハウに特化したフランチャイジングが多く見られたが、仮に創業ノウハウのみでは一度フランチャイジーが安定期に入った後には、もはやフ

ランチャイズがフランチャイズとして機能することはなくなる。しかし継続的な商品開発の成果がフランチャイズとなることで、フランチャイジングは高度化している。

またフランチャイジングがもたらす社会経済的な優位性とは、中小企業が果たしてきた社会経済的な役割に他ならない。すなわち需要貢献機能、競争促進機能、適正規模の効率的活動、製品イノベーション機能などである[21]。

6. わが国におけるフランチャイジングの課題

フランチャイジングの起業システムとしての最大の課題は、成功の仕組みあるフランチャイジングの揺らぎそのものにある。

フランチャイジングの最大の優位点は成功の仕組み（ビジネスモデル）をそのまま使用する権利を与えることにある。この優位性の源泉はフランチャイジングの成立前提となる「模倣の困難性」にある。シュランスキーらは「知識活用の道を選ぶ場合には正確にコピーするのが王道であり、修正の余地は厳しく制限されなくてならない。知識創造の道を選ぶならば、修正し、適応させ、場合によってはプロセス全体を発明する必要がある（Winter and Szulanski [2001]）」とし、その理由の一つが「暗黙知」と「無自覚の学習」であるとしている。そのすなわちフランチャイジングの模倣困難性にはマニュアルに記述不可能な「暗黙知」とフランチャイザー自身が気づいていない「無自覚の学習」が含まれる。フランチャイジング購入の最大の利点はこの暗黙知と無自覚の学習を含めて購入することにあり、内部（社員）を対象にしたフランチャイ

図表5-6　産業別廃業率（1996年〜1999年）

	小売業	外食業	サービス業	全体
フランチャイズ店	3.2	4.5	7.1	4.4
産業全体	8.5	9.5	5.6	7.5

（出典）サービス・フランチャイズ研究会（2003）p.16、図表7

第5章 スモールビジネスとフランチャイズ・システム

ズ販売の場合に成功確率が高いとされる主要な理由の一つはここにある[22]。

　成功のシステムとしてのフランチャイズについては図表 5-6 に示したとおり、サービス業を除いては小売業、外食業とも廃業率は低位に抑えられ、全体としてもフランチャイズ店の廃業率は 4.4% と低く、システム的な優位性を示している。既に述べたように諸外国におけるフランチャイジングと独立開業における事業の継続率の差は、適度なリスクと適度なリターンを持つフランチャイジングが新規開業・雇用機会として有用な選択肢であることが示されている。

　一方、小本（2005、p.65）は、1990 年から 13 年間のフランチャイズ店の平均廃業率は 8.6% であり、総務省の『事業所・企業統計調査』の廃業率（3～4%）を大きく上回り[23]、特にフランチャイジングの採用から 3 年以内の廃業率は極めて高い（年平均 15% を超える）としている他[24]、国民金融公庫総合調査研究所の「新規開業企業を対象とするパネル調査」（平成 16 年 11 月 1 日）から廃業率をみると、フランチャイジングへの非加盟企業の廃業率が 7.8% であるのに対し、加盟企業では 14.4% と加盟企業の方がおよそ 6.6% も高くなっている。

　これを業種別に見ると、個人向けサービス業（加盟店）の廃業率は 20.6% とフランチャイジーを含めた業種平均の 5.7% の 3.6 倍になっているのに対し、小売業では加盟企業の廃業割合は 8.3% と業種平均の 10.8% を下回っている。このように業種によって大きな差があるものの、「フランチャイジング加盟企業の廃業率は総じて高い（国民生活金融公庫総合研究所［2004］p.5）」と結論づけられており、フランチャイジングのシステム優位性である創業時のリスクを低減させる機能は大きく揺らいでいる。特にサービス業については、業種特性に加えて「時代効果」（一種のブーム）が働くことが廃業率の原因として挙げられているが（国民生活金融公庫総合研究所［2007］p.38）、フランチャイズが成功の仕組みであるためにはビジネスモデルの存続可能性は前提として存在しなくてはならない。同様に加盟店の契約解除加盟店舗数割合（契約解除率）調査[25]によると、解除率は全体で 3.0% 未満が 36.6% で最も多く、次いで

図表5-7 契約解除・契約非公開比率

業種	契約解除加盟者店舗割合	契約非更新店舗割合平均	合計
学習	2.8	1.3	4.1
喫茶店	4.1	0.6	4.7
和風居酒屋	4.5	0.4	4.9
コンビニエンス	6.4	1.8	8.2
菓子・パン	7.3	1.9	9.2
ラーメン・餃子	11.9	2.1	14.0
合計	6.7	1.5	8.2

(出典)『FRANJA』VOL.39、2007年、p.35、図表35

5.0%以上10.0%未満の26.8%となっているが、5.0%以上の解除率のチェーン店は48.8%とおよそ半数となっている[26]。また契約非更新率[27]では0.5%未満が43.6%と最も多く、次いで3.0%以上の20.5%となっており、契約解除率・契約非更新率の合計では、契約解除率は6.7%、契約非更新率は1.5%、合計で8.2%が何らかの理由により、継続していないことになり、この結果は小本の示した廃業率の8.6%に近いものとなっている。

　この廃業率の高さの原因には、外食業を中心にフランチャイザーの新業態開発という名目で複数のフランチャイズが短期間で販売されるなど、システムの継続的洗練化よりも新たなフランチャイズ販売を優先するフランチャイザーの姿勢が原因としてあげられている[28]。フランチャイザーの中には、契約したフランチャイズの未出店が多数となり、契約したフランチャイズと異なるフランチャイズを勧めるなどフランチャイジングの本質を逸脱した行為すら横行していた。このようにフランチャイズ購買者のシステム評価はさらに難しくなっており、フランチャイジングが創業機能の一つを担っていくためには、より適切なフランチャイジングの選択を可能にするシステムが必要となる。

第5章　スモールビジネスとフランチャイズ・システム

7. フランチャイジングの創業機能の発揮の条件（まとめ）

　2002（平成14）年4月30日に小売商業振興法（小振法）の施行規則（第10条、11条）が1978（昭和48）年9月29日（通商産業省令第100号）以来29年ぶりに改正された。1972年に設立された日本フランチャイズチェーン協会（JFA）は、設立趣旨の第一に「フランチャイズ企業の道義的行為の確立」を掲げたように、フランチャイジングはその成長の過程において弊害防止を積極的に進めなくてはならなかったが、政策的には29年間放置された（東京経済［1986］pp. 14-15）。1982（昭和57）年7月には通産省は「フランチャイズ・システム経営近代化推進のための協議会報告」をまとめ、1983（昭和58）年9月20日に公正取引委員会が「フランチャイズ・システムに関する独占禁止法の考え方について」を示したが、ここからでも約20年が経過していた[29]。

　2002年の改正の目的は、小振法第11条に規定される特定連鎖化事業（小売フランチャイズ・チェーン事業）における契約前の説明・書面交付義務の項目・内容について定めた施行規則の強化を目的にしたものであった[30]。

　しかしながらこの改正は、経済構造改革の鍵を握る産業に対する環境整備としてはきわめて不十分なもので、フランチャイジーがフランチャイズを選択する基礎になる「情報公開」や「支援産業の発展」を促すものではなかった。たとえば開示事項には①本部事業者の従業員数、役員の役職名及び氏名（第10条第1号）が追加されたが、あくまで基本的な条項のみにとどまり、米国FTCの改正フランチャイズ法（2007年3月30日）やUFOC規定（Uniform Franchise Offering Circular）が求める破産経験などを含めた詳細な事業経験などの公開義務は含まれていない。これらの開示項目に対し、「中小企業庁は、業務内容や経営者体制を理解するために直接関連するものではない」（『Franja』, Vol.10, p. 11）としているが、直接関連するかどうかは開示を受ける側が判断するべきものである。同様に③本部事業者の直近の三事業年度における貸借対照表及び損益計算書（第10条第4号）についても、開示を受けたものが決

算書を読めるかどうかを心配する意見がフランチャイズ関係者からあがった。開示されれば、それをいかに読むかは開示を受ける側の判断であり、何らかの支援が必要であれば支援業者がそのサービスを提供すればよい。また道義的な責任が残るとされるエリアエントリー問題（実際の営業物件が見つかる前に加盟金を徴収して返却しない問題）などにも直接対応していないだけでなく、違反を犯しても勧告（小振法第12条）のみで、勧告に従わなかった場合に公表（同第2項）されるというきわめて緩やかな処置しか示されていない。重要なことはフランチャイジーの視点から、事前に正確な情報にもとづいて事業を選択できる環境を整えることにある。仮にフランチャイジングにおいて廃業すれば、フランチャイジーの人生設計に重大な問題を引き起こすことは明らかであるにもかかわらず、十分な情報開示が行われているとはいえない。

　もっとも大きな課題は、これらの規定は小振法で開示義務を定めていることから、サービス業のフランチャイジングは法律の範囲に入っていないことにある。経済産業構造改革にとって経済のサービス化が重要であることは明らかであるにもかかわらず、このような状況が放置されている。フランチャイズの創業機能を経済構造改革の一つの鍵とするには、フランチャイズを購入するフランチャイジーへ情報開示を徹底し、自己責任原則のもとで事業リスクを受け入れられる環境が前提である。複数のフランチャイジングに所属するポートフォリオ企業家ではなく、個人の創業・開業に視点を移さなければフランチャイズ創業機能はその機能を十分に発揮することはできない。

【注】

(1) フランチャイジングに対する政策が始まったのは、1972年のフランチャイジング・ブーム以降であった。1973年の『月刊フランチャイズ・システム』新年号で、通産省中小企業庁商業第二課長有岡恭助は、「フランチャイズは、経営システム化、知識集約化された規模利益が追求でき、流通合理化に寄与する、また中小企業の経営安定や、消費者に対する均質な製品の提供等の効果を持つと考えている。このため健全なフランチャイズ・システムは積極的に助成していくべきだとの立場をとっている。目下検討中の小売商業振興法案のなかでは、ボランタリーチェーンとともに連鎖化事業に含め、商業集積化事業と並んで

第 5 章　スモールビジネスとフランチャイズ・システム

重点的に振興を図るべき対象として取り上げ、振興基準に合ったチェーン近代化計画に対しては政策金融の面でも優遇措置を考慮したいと研究している」と述べている（『フランチャイズ 21 年史』p. 26）。
(2) 横森（2002, p. 178）はボランタリーチェーン（VC）を「各地に分散する多数の小売商（卸売商を含む場合がある）がそれぞれの独立性を維持しつつ永続的な連鎖関係を締結し、協同する組織」と定義している。またボランタリーチェーン協会は、「異なる経営主体同士が統合して、販売機能を多数の店舗において展開と同時に、情報を本部に集中することによって組織の統合を図り、強力な管理のもとで、仕入れ、販売等に関する戦略が集中的にプログラム化される仕組みとその運営」と定義している。VC への政策的支援は、1965 年の産業構造審議会流通部会第三回中間報告「小売商のチェーン化の推進について」にもとづいて行われ、1966 年度の中小小売商育成の一環として予算処置からである。
(3) ファーストフード外資の参入の第一号は、1969 年 12 月のケンタッキー・フライドチキンであり、続いて 1970 年に東食ウインビー、ダンキンドーナツ（西武）、ミスター・ドーナツ（ダスキン）、1971 年マクドナルドと参入が相次いだ（日時は店舗開設ではなく、合弁会社設立の年月）。
(4) フランチャイジング・ブームは、フランチャイジングを一挙に認知、拡張させた。米国においては 1950 年代末に同様のパブリシティがフランチャイジング・ブームを導いた（Dicke [1992] 邦訳、pp. 221-222）。
(5) British Franchise Association, http://www.british-franchise.org/casestudies.asp、2002/9/12。
(6) Franchise Council of Australia, Franchising your Business in Australia, Fact at A Glance, http://www.fca.com.au、2002/9/12
(7) しかし米国のスモールビジネスの失敗率を全企業とフランチャイジングにおいてみると、確かに 1982～86 年は、25.0% 対 15.1% と優位であったが、1986～87 年には 20.7% 対 18.5% と差が縮小した。1988～89 年には 16.9% 対 11.2% と再度差が広がったが、1990～1991 では 5.1% 対 5.0% とほぼこの格差はなくなっている。すなわち失敗率が高い場合にはそれを抑えることができるが、全体の失敗率の低下は、フランチャイジングとの格差を縮小している（Small Business Administration, *The State of Small Business : A Report of the President, 1993*, U.S. Government Printing Office, Washington DC. 1993, p. 127）。
(8) フランチャイジングの語源には中世以降に用いられてきた国や地方公共団体が与える特権があるが、ここではあくまで流通の一つの手法（a method of distribution）の意味に限定して考察する。
(9) この①から③は Toffler, Imber, *Dictionary of Marketing Term 2nd ed.*, 1994, Barron's Educational Series Inc. の franchise の項目の 1～3 の要約、続く 4. には広告権、5. には地方公共団体もしくは国から与えられるケーブルテレビ地域独占権がある。
(10) 通産省は、通産省中小企業庁のフランチャイズ・システム経営近代化策策定のための協議会報告において、「フランチャイズは、本部事業者（フランチャイザー）が加盟者

（フランチャイジー）との間に契約を結び、自己の商標、サービス・マーク、トレード・ネームその他の営業上の象徴となる標識及び経営のノウハウを用いて、同一のイメージのもとに商品の販売その他の事業を行う権利を与え、一方、フランチャイジーはその見返りとして一定の対価を支払い、事業に必要な資金を投下してフランチャイザーの指導および援助のもと事業を行う両者の継続的関係をいい、フランチャイジーの資本・労働力と連携することによって経営の効率化が可能になり、一方、フランチャイジーはフランチャイザーの持つ知名度の高い営業標識、優れたノウハウ及び継続的指導・援助の提供を受けることによって既存の小売店の活性化が図られ、またリスクの少ない新規事業の開始、事業の転換及び経営の多角化が容易になるものである」としている（「フランチャイズ・システム経営近代化について」、フランチャイズ・システム経営近代化推進協議会・昭和57年7月5日、通産省中小企業庁のフランチャイズ・システム経営近代化策策定のための協議会報告、一　フランチャイズ・システムの役割と課題）。

(11) フランチャイズ・システムの特徴として、大楠（1996、pp.308-309）は、「①フランチャイザー（本部）とフランチャイジー（加盟店）は、各々独立した事業体であること、②フランチャイザーは、フランチャイジーに自己の商号、商標、経営ノウハウ等を使用して事業活動を行う権利を与える、③フランチャイジーはその見返りとして一定の対価を支払う、④契約による継続的関係である」の4点を挙げている。

(12) この（1）流通の手段としてのフランチャイジングの歴史的変遷に関する記述は、主にDicke（1992）に依拠している。

(13) 製造のための特許、ノウハウ（製造権）を含めたフランチャイズの代表例はコカコーラのボトラーズに見ることができる。コカコーラのフランチャイジングの発展過程については、河野・村山（1997）を参照のこと。

(14) 小嶌［2003］第11章を参照のこと。

(15) 米国ではドラックストアのRexallやIGA（Independent Groceries Alliance）もフランチャイジングの一つに数えられるが、これは既存業者の組織化を目指したボランタリーチェーンである。

(16) 1962年のスッサーとカーベル社（Susser v. Carvel Corporation）の判例は、アイスクリーム会社のカーベル社が品質管理目的に仕入先を拘束することを是としていたが、1971年のシーゲル対チキン・ディライト社（Seigel v. Chicken Delight）の判例は、これを破棄して、「オープン市場において同質の製品が購入可能である限り、フランチャイジーに会社もしくは認定の供給業者からサプライ製品と設備を購入することを要求できない（p.226）」とした（Dicke［1992］邦訳 pp.225-227）。

(17) 藤居（2001、p.164）は、日本とアメリカのロイヤルティに対する考え方の違いについて「アメリカの場合は、ソフトやノウハウに対してロイヤルティを払うのは当然だと考えるのに対し、日本やアジアの国々では、そのような目に見えないものに対してロイヤルティを払うという意識がなかなかもてない。ですから、FCには商品的なノウハウと、マネジメント的なノウハウとがありますが、日本では、より具体的で、目に見える、商品的

第 5 章　スモールビジネスとフランチャイズ・システム

なものからロイヤルティを払ってもらうほうが、FC ジーは納得しやすいかもしれません」と述べている。
(18) 黒川（2001、pp. 171-172）は、FC ビジネスの課題の中で、「わが国の飲食 FC の特徴として、ロイヤルティを低く抑え、食材から多額の差益を出す経営が当然のように行われてきた。しかしプライベートブランドはともかく、ナショナルブランドの商品まで本部からの購入を強制し、そこで多額の差益を出すことは、もはや許されない行為である」と拘束条項の問題点を指摘している。
(19) Emmons（1970、pp. 30-31）は、「フランチャイズ会社とフランチャイジングを流通の方法として取り入れているメーカーを区別した上で、『フランチャイズ会社』の株価が市場の様子に対して敏感であるのに対し、たとえば自動車メーカーや石油会社の株価は、フランチャイジングに対する市場の評価とは無関係に設定される」と市場との関係から両者を区別している。
(20) フランチャイジング統計の Franchise in the Economy は 1980 年に商務省によって実施されたが、1986 年からは The International Franchise Association Educational Foundation に引き継がれ、1993 年は IFA と University of Louisville が共同で実施した。
(21) この中小企業の社会経済的役割については、英国のボルトン委員会報告にまとめられている。第 2 章を参照のこと。
(22) 独立を前提とした社員制度を持つ場合には、暗黙知や無自覚の学習を容易にすると考えられる。社員登用制度は米国のドミノピザなどが 1970 年代に導入しているが、わが国では 1981 年に（株）壱番屋が「ブルームシステム」を立ち上げているほか、養老乃瀧（株）の「短期貯蓄型独立制度（契約社員）」などがある。
(23) 総務省の「事業所・企業統計調査」は 5 年毎に行われることから、期中の開業、廃業を反映していないことから、そのまま比較するのは妥当でない。
(24) この調査は『日本のフランチャイズチェーン』（商業界）にチェーンが掲載されているかどうかを存廃の判断としており、企業そのものの存廃を示すものではないが、フランチャイジングを中断もしくは、積極的に行っていないと判断されることから、フランチャイジングの存廃を示す一つの指標として使用できる。
(25) 解除率とは、契約解除加盟店数を同年の加盟店舗数で割ったのも（『Franja』（2007, May, Vol. 39, p. 34）。この契約解除加盟店舗数は、中小小売商業振興法における法廷開示事項になっている。この調査は日本フランチャイズチェーン協会が運営している本部企業のデータベース「サ・フランチャイズ」を集計したもの。
(26) 10.0% 以上の解除率を業種別に見てみると菓子・パンが 50.0%、住宅建築 33.3%、ラーメン・餃子 28.6% などとなっているが標本数が少ないため業種別の数字は参考程度にしかならない。
(27) 契約更新時にもかかわらず契約を更新しなかった加盟店数の割合。非契約更新店舗数を契約更新対象店舗数で割ったもの。
(28) これに対して黒川（2005、p. 7）は、「アーリーステージの本部が十分な金銭の余裕が

ないため、実験不足のままフランチャイズを開始することは許されないことであるが、金銭的に余裕ができた既存の本部が、新業態と称して十分な検証を行わないまま、フランチャイズ展開をすることは、厳しい表現を用いるならば"詐欺的"と呼ばれても、やむを得ない事態である。フランチャイズのノウハウ確立のために最低3店舗、2年以上の検証によって成功が証明されたもののみが、本部のノウハウの名称に値するものであり、これはスリー・ツー・イヤーズ・ルールと呼ばれ、世界に確立された最低限の原則である」と警告を発している。

(29) 公正取引委員会のガイドラインも2002年4月24日に改正された。
(30) ①本部事業者の従業員数、役員の役職名及び氏名(第10条第1号)、②本部事業者の子会社の名称及び事業の種類(第10条第3号)、③本部事業者の直近の三事業年度における貸借対照表及び損益計算書(第10条第4号)、④直近の三事業年度における加盟店の数の推移(第10条第6号、第11条第6号)、⑤本部事業者が加盟者又は元加盟者に提起し、又は、提起された直近の五事、業年度の訴訟数(第10条第7号)、⑥営業時間並びに営業日・休業日に関する事項(第10条第8号)、⑦テリトリー権の有無(第10条第9号)、⑧競業禁止義務の有無(第10条第10号)、⑨守秘義務の有無(第10条第11号)、⑩ロイヤリティの詳細な計算方法(第11条第7号)、⑪オープンアカウント等の送金(第10条13号)、⑫オープンアカウント等の与信利率(第10条第14号・15号)、⑬契約違反した場合の違約金、課される義務に関する事項(第10条第17号)、⑭加盟に際して徴収する金銭の返還の有無とその条件(第11条第1号)、⑮契約解除の際の損害賠償金の額又は算定方法(第11条第5号)。

第6章 スモールビジネスの技術と経営力

　中小製造業にとって技術が経営力の礎であることに疑問の余地はない。しかし中小企業（スモールビジネス・マイクロビジネス）にとっての技術は、業種、業態、そして規模によって異なり、中小企業をひとくくりに技術を一般化して論ずることはできない。

　本章では、中小企業（スモールビジネス・マイクロビジネスを含む）の技術について、競争優位の源泉としての技術を、従業員規模別にまとめ、スモールビジネスの技術にとって「技能と熟練」が持つ重要性を確認する。その上で、技術経営（Management of Technology：MOT）の概念の3つの領域（domain）からスモールビジネスの技術について考察する。すなわち中核便益（core benefit）の製品化に関わる技術を対象とする「技術のマネジメント」、「新製品開発のマネジメント」、そして第三の領域である「事業創造・イノベーション」の3つの視点からスモールビジネス（中小企業）の技術と経営力について考察する。

1. 中小企業の技術概念

　技術とは、「理論を実際に応用し、人間生活に役立てる手段」（日本語大辞典）である。すなわち学術的な研究（サイエンス）を目的にもとづいて変換、加工することによって技術は生み出されものであり、本質的に技術は目的を前提として存在する（大久保［1981］p.46）[1]。

　用語としての技術は、技術力、技術の高度化、生産技術、加工技術など幅広

く使われているが、生産技術という場合には、道具としての生産システムとそのシステムの運用方法の双方を指し、その中心となるのは生産システム（道具）である。また加工技術という場合には、道具を前提とするものの、道具の使い方（技能）が中心となる。技術革新（innovation）として使用される場合には、単に技術にとどまることなく、社会に変革をもたらすさまざまなブレークスルー（breakthrough）をもたらす革新を示す。このように用語としての技術は、生産設備、道具とともに、それを活用する技能、他社が実現できないような優れた技能（熟練）、革新をもたらす新しいさまざまな方法を含んだ概念である。

　新粥（1997、pp.24-57）は、技術を「様々な機能をもった設備要素（機械）を生産目的に合わせて有機的に結合して生産する体系（生産システム）としての技術」、「その生産システムを動かす力である技能」、「熟成された高度な技能である熟練」の3つに分類している。そして「ある目的の製品を作るのに最適な生産システムを考えるのが『技術』で、そのシステムに採用された機械設備を動かすのが『技能』（中略）、『熟練』とは、ある技（技能）を長い年月を掛けて磨き上げ、熟成されたものであり、匠の世界にちかい」と、この3者の関

図表6-1　技術区分、従業員規模別競争優位の源泉

従業員規模	技術				技能	熟練
	競争優位の源泉					
	技術				技能	熟練
	生産システム（装置）	製品開発力	コストダウン	技術を動かす力（操作力）	技術を活用する力（高度な技能）
3人以下					○
4人～9人				○	
10人～29人	○				
30人～49人	○	○	○		
50人以上	○	○			

（出典）新粥（1997、pp.24-57）から筆者作成

第6章　スモールビジネスの技術と経営力

図表6-2　従業員規模と事業所数

年	1996	1999	2001	2004	2006	構成比(%)	96/06(%)
従業員数	771,791	689,194	643,192	576,412	548,159	100	71.0
1	70,703	87,840	61,030	60,653	57,110	10.4	80.8
2	151,539	122,650	125,004	108,334	100,517	18.3	66.3
3	87,319	76,113	74,298	65,449	61,023	11.1	69.9
4	67,384	57,958	56,169	49,745	45,416	8.3	67.4
1〜4	376,945	344,561	316,501	284,181	264,066	48.2	70.1
5〜9	170,281	147,620	139,651	121,981	115,823	21.1	68.0
10〜19	107,040	92,184	87,592	78,521	76,516	14.0	71.5
20〜29	41,913	37,019	34,319	31,508	30,917	5.6	73.8
30〜49	33,883	29,734	28,497	25,721	26,189	4.8	77.3
50〜99	23,859	21,612	20,424	19,251	19,244	3.5	80.7
100〜199	10,554	9,680	9,474	8,907	9,015	1.6	85.4
200〜299	3,067	2,902	2,740	2,633	2,636	0.5	85.9
300〜499	2,127	2,027	2,009	1,902	1,946	0.4	91.5
500〜999	1,377	1,230	1,201	1,034	1,069	0.2	77.6
1000〜	—	—	586	528	530	0.1	—

（出典）事業所・企業統計調査（各年版）、平成18年度では表11 産業（中分類）、従業者規模（15区分）、経営組織（5区分）別民営事業所数及び従業上の地位（6区分）、男女別従業者数―全国。

係を明確にしている。そして中小企業の「システムを効率的に稼働させる能力としての技術力」は規模や産業別にその特徴が異なるとしている。たとえば規模別の技術力を決定づける要因として、3人以下の企業では「熟練」、4人から9人では「技能」、10人から29人では「生産システム」、30人から49人では、「新製品開発能力とコストダウン」、そして50人以上で「新製品開発能力」とし、従業員規模によって技術力を決定付ける源泉は異なっているとしている。

事業所・企業統計調査によると、3人以下の製造業はほぼ40%を占めているが、仕事を作り出すよりも、「発注元に合わせて、時間と価格、品質を守ること」（新糠［1997］p.44）、すなわち下請企業として小ロットの仕事を請け負

うか、もしくは長い間培ってきた熟練の技を強みとする職人的技能者として道具を主体に生産活動を行う企業に分かれ、その多くは前者に属する。

そして次に従業員規模4人から9人が約30％を占めており、この規模では「既存設備を活用してよりよい製品を加工すること」「機械設備の使いこなしの技能」（新椴［1997］p.46）が重要となる。それゆえ生産設備をシステムとして捉えるというよりも機械設備の使いこなしが鍵となり、技能が鍵となる。

9人以下のこのマイクロビジネスの2区分（1から4人、5人から9人）で製造業の約70％を占めていることからマイクロビジネスの技術のマネジメントでは「熟練と技能」が鍵となる。

次に従業員10人から30人未満の20％のスモールビジネスの技術は、「単体の道具や機械の使いこなしではなく、（中略）各機械を有機的に結びつけた生産体系の整備とそれにあわせた人材教育が大切な技術要素」（新椴［1997］p.47）となっている。技術が生産体系になれば、技術の担い手は経営者から組織的技術力に焦点が移ることになる。

そして30人以上を構成する10％の中企業は新製品開発力が技術力の中心を構成し、技術概念も大企業とほぼ同様の概念が適用される。

2. 中小企業の技術マネジメントと技術経営

(1) 技術経営の3つの領域[2]

技術経営（MOT）の概念はそれを取扱う視点から3つの領域（domain）から構成されている。通常のMOTの3領域は、第一は文字通り「技術のマネジメント」であり、中核便益（core benefit）の製品化に係わる技術を対象とするマネジメントである。そして第二の領域は、研究開発プロセスのマネジメント、新製品開発プロセスを対象とするものであり、そして第三の領域は、事業創造、イノベーションとしてMOTを捉えるものである。政策視点のMOTは第三の領域に含まれ、産業競争力の向上による国の競争力強化が政策目的となる。

しかし30人未満のスモールビジネス・マイクロビジネスでは、研究開発が開発研究（実用化研究）に集中していることから、研究の方向付けのマネジメントよりも研究課題の発見と研究を遂行する人材のマネジメントが核となり、第一と第二の領域の区別はない。また第3領域においてはベンチャー企業や革新的技術による産業創出などの視点から捉えることになる。一方、30人以上の中企業では通常のMOTの3つの領域で技術マネジメントを進めることになる。

(2) 技術のマネジメント

　技術のマネジメントとは、研究開発（Research and Development：R&D）によって中核便益を製品化することに関するマネジメントである。すなわち抽象的な便益を研究と開発によって具現化するプロセスを対象とする。出川（2005）は、研究と開発の相互関係について、「1970年代までは、1つの技術の発明がそのまま製品開発につながった時代、すなわち研究と開発はほぼ一体であったが、1970年から1990年代には両者は重なり合いを持つものの、研究だけでも許される時代、そして1990年代以降は、もはや1つの技術では商品はできないし、何を作るかが価値の時代、すなわち、研究と開発の違いが明確になった時代」とし、研究開発は「R＝D、R&DからR＋Dへ変化している」としている（図表6-3）。また研究と開発のベクトルの方向性の違いについて、「研究は、科学の成果をもとにアイデアを発散させ、あらたなシーズを見つけていくものであり、開発は研究で得られたシーズをもとに、1つのターゲット

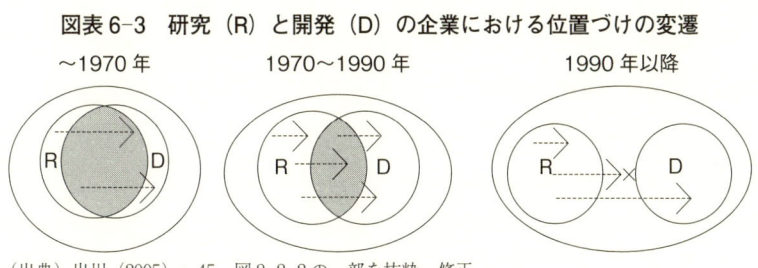

図表6-3　研究（R）と開発（D）の企業における位置づけの変遷

〜1970年　　　　1970〜1990年　　　　1990年以降

（出典）出川（2005）p.45　図2-2-2の一部を抜粋、修正

図表 6-4　研究と開発

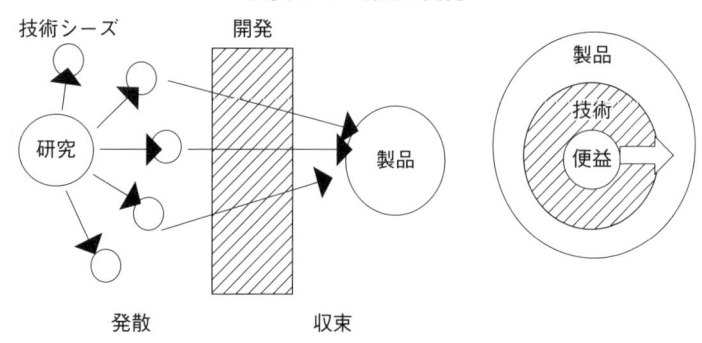

技術シーズ　開発

研究　製品

製品／技術／便益

発散　収束

（出典）発散と収束については、出川（2004）p.20　図 0-5 を一部修正

製品に絞り込んでいく収束型」としている（図表6-4）。

　ボイヤーは、「研究は科学であり、観察された事実と事実の関係を厳しく追及する理論を構築するためのプロセスである。一方、技術は有用な目的のために知識を応用することであり、既存の技術の上に新しい技術や新しい科学の知識が付け加えられることで形成される。それゆえ技術の成功の基準は有効性である（Boer［1999］邦訳 pp.28-31）」としている。

　このように研究のマネジメントと開発のマネジメントは性格を大きく異にし、研究は発散性を促進する「マネジメントしないのがマネジメント」という「目に見えないマネジメント（invisible management）」が重要視され、開発は収束をもたらす技術が前面に出る。ここでいう「目に見えないマネジメント」とは、企業理念（ミッション）と経営者のビジョンによってもたらされる見えざる手としてのマネジメントを意味している。一方、開発は、「実用化・事業化できない論文は、どんなに優れた論文でもただの紙くずに過ぎない（大見［2004］p.58）」と明確に方向性を持ったものでなくてはならない。

　このことから技術のマネジメントは、研究のマネジメントと開発のマネジメントの2つのステージに分離され、研究の成果は製品の中核をなす便益を技術によって翻訳することで製品を形作り可視となる。このことから、両者を統括し技術マネジメントとしてみる場合は、明確に方向性と力を持ったベクトルと

して認識しなくてはならない。

そしてスモールビジネスにおける第一領域のマネジメントを考察するためにはまず研究開発の内容を確認する必要がある。研究開発の内容を、特定の商業目的を持たない純粋科学的研究である「基礎研究」（10年先以上の市場を想定した「基礎的・基盤的研究開発」）、特定の商業目的のための科学的な研究である「応用研究」（3年先の実用化研究）、基礎研究、応用研究の成果を実用化するための「実用化研究」（1年先の製品化研究）にわけ、企業の取り組み状況を見ていくと、基礎研究の比重は低下し、実用化研究の比重が増大してきたが、2007年～2012年の7年間では大きな変動はなかった。また（社）研究産業協会の『民間企業の研究開発動向に関する実態調査 調査報告書』（平成24年度調査（平成25年3月）p.6）によると研究開発費の支出でも基礎研究10%、応用研究25%、開発研究65%となっている[3]。同様に『科学技術研究調査』でも中小企業では基礎研究、4.7%、応用研究9.0%となっているのに対し、開発研究が86.4%を占めている。この調査では資本金1,000万円以上が対象となっていることから、スモールビジネスの研究内容は開発研究が90%を越えていると思われる。このことからスモールビジネスにおけるマネジメントは、研究開発の方向付けるというよりは、技術をいかに製品に結びつけていくかが重要になる（図表6-5）。

新籾（1997、p.24）は、「食品加工業と切削工業が目指すべき技術のベクトルが同じになるはずはないであろう。また企業にとって新鋭設備を導入したからといって、即技術力が向上するという単純なものではない。さらに、従来から保有してきた熟練技術だけで生き残れるものではないであろう。このように

図表6-5　基礎・応用・開発研究の割合

	基礎研究	応用研究	開発研究
中小企業	4.7	9.0	86.4
大企業	6.9	19.3	73.8

（出典）『平成23年度　科学技術研究調査』第4、18表

中小企業の技術を考察するにあたっては、中小企業を一般化して技術の大切さを説いてもほとんど意味はない」と産業別、規模別に問題を整理することを求めている。

　新籾が指摘するように中小企業（スモールビジネス・マイクロビジネスを含む）の技術の概念は業態・業種・従業員規模により大きく異なり、技術のマネジメントもそれによって異なる。すなわち3人以下のマイクロビジネスの技術は、機械や道具を組み合わせて生産システムの構築や生産システムを活用するよりも、「モノを作り出す人（技術者）」そのものが競争優位の源泉となる。この技術者には、熟練を実行する熟練者という側面だけでなく、その熟練技（匠の技）を可能にする独自の道具の開発能力も不可欠で有り、技術のマネジメントは健康管理を含めた人（熟練技能者）のマネジメント、匠を支える道具の開発マネジメントである[4]。また日本と米国のモノづくりを比較した常盤（2012、p.374）は、「米国流の考えにのっとれば、工場でモノをつくるのは機械です。彼らはこの考えに沿って、より高度な機械を開発して自動化してきました。これにたいして日本では、たとえ機械を使ったモノづくりであっても、モノをつくるには機械ではなく、あくまで人間である」と主体の違いを指摘している。このことからスモールビジネスの製造業における第1段階のマネジメントは、技術の製品化が中心となる。

　しかしスモールビジネス・マイクロビジネスの技術は、精密機械等の機械化によって品質において一定の水準を維持することが可能になると機械に代替され、人でしかできない作業であっても、一定水準を維持することができる道具が見つかると人件費の安価な中国やベトナム等での人海戦術によって代替されてしまう。それゆえに機械化や安い労働力に代替されない熟練の必要な小ロットを受注することができる技術力が必要となる。

　次に従業員規模別に研究者比率（研究者／従業員数）をみると、企業規模が大きいほど研究者比率が高くなり、従業員規模1万人以上の12.7%（11.3%）に対し300人未満の中小企業の場合は7.3%（6.5%）に留まっている（総務省「科学技術研究調査」平成24年度調査、（　）内は17年度調査、表2より算

第 6 章　スモールビジネスの技術と経営力

図表 6-6　企業規模と研究開発状況

(単位 %)

企業規模	研究開発投資あり	専従従業員あり	他業務と兼務	代表者のみ	研究開発人材
〜20	7.8	13.2	23.6	15.8	52.6
21〜50	18.2	18.7	32.2	6.5	57.4
51〜100	25.4	25.3	31.5	3.5	60.3
101〜300	40.3	34.2	28.7	0.8	63.7
300 以上	69.9	68.8	20.6	0.0	89.4

企業規模	実用化研究のみ	応用研究のみ	基礎研究のみ	複数研究
〜20	61.9	29.0	2.1	7.0
21〜50	62.4	24.5	3.2	9.9
51〜100	64.3	24.2	3.7	7.8
101〜300	61.5	21.4	1.6	15.4
300 以上	45.7	14.7	0.1	39.7

(出典)『中小企業白書 2005 年版』第 2-1-56 図、2-1-57 図、2-1-59 図より作成

出[5]。しかも研究の担当者は、規模が小さいほど「専従の役員、従業員がいる」が少なく、「他業務との兼務者」及び「代表者」が実施している割合が高くなっている。特に従業員数 20 人以下のスモールビジネスでは、代表者のみが行っている比率が 15.8% と極めて高く、代表者に研究開発が依存していることが分かる（図表 6-5）。

また企業規模と研究開発投資の実施割合と比較すると、規模が小さいほど研究開発投資の実施比率が低くなっているが、研究開発を行っている企業の比率そのものは低いわけでなく、規模の小さいほど代表者もしくは兼務者が日常業務の延長として研究開発に取り組んでいることが分かる。すなわちスモールビジネス・マイクロビジネスの研究開発の特徴は、日常のビジネスの中に研究開発が組み込まれているのである（『中小企業白書 2005 年版』pp. 60-61）[6]。

(3) 新製品開発のマネジメント

MOT の第二の領域は、新技術の事業化すなわち新製品の商品化にある。こ

の領域の MOT の定義は「技術を経済的付加価値に転換するために、技術の研究開発から事業化・製品化までを戦略的にマネジメントする経営管理手法（経済産業省「論断風発」2003 年 4 月号)」となる[7]。

通常、新製品の開発プロセスは、アイデアの創出（describe idea）、会社の目的や経営資源との整合性によってスクリーニング（evaluation and screening）し、事業性分析（business analysis）を行い、具体的製品開発（developing）、テストマーケティング（testing）、事業化（commercialization）し、成功した新製品を生み出すというステージから成り立っている。

ここで課題となるのが、研究テーマ（新製品のアイデア）の設定である。

中小企業の新商品・技術アイデアの源泉をみると、顧客（顧客の動向や顧客ニーズ）が85.0%と圧倒的に多く、ついで消費者（消費者の動向や消費者ニーズ）が54.2%、競合他社や業界団体が36.6%とこれに続いている。この3項目はいずれも大企業においても高いが、中小企業では顧客、大企業では消費者、競合他社の比率が高くなっており、中小企業・大企業の特徴を表している。

これ以外の項目で、大企業が中小企業に比べ高い項目は、自社の技術シーズと産業構造や社会構造の変化などであり、逆に中小企業が高い項目としては従業員・経営者・仕入先を源泉とするものである。

85%を占めるアイデアの源泉である顧客とアイデアの源泉の関係を経営実

図表 6-7　アイデアや発想の源として重視する項目

	顧客の動向や顧客ニーズ	消費者の動向や消費者ニーズ	競合他社や業界団体の動向	自社の技術シーズ	従業員の創意工夫やアイディア	経営者個人の創意工夫やアイディア	原材料・部品等の仕入先の動向
大企業	82.2	57.5	48.8	50.2	46.3	11.5	12.9
中小企業	85.0	54.2	37.9	36.6	36.5	24.7	21.6

	同業種他社との交流	産業構造や社会構造の変化	異業種他社との交流	大学や公設試験研究機関の技術シーズ	国の政策や制度	学会や論文、セミナーや講演	その他
大企業	9.4	26.1	10.8	18.1	10.5	6.3	1.0
中小企業	17.4	14.7	11.6	8.9	5.4	3.7	1.1

（出典）『中小企業白書 2009 年版』p.75　第 2-2-1 図より作成

態調査からみると、「顧客・取引先の要望、提案」(33.5％)、「顧客の行動から察知」(12.9％) となっており、源泉は顧客、取引先とのコミュニケーションにあることがわかる（中小企業金融公庫「経営環境実態調査」(2004 年 11 月))。

　研究開発プロセスと MOT の議論の中で、最もよく取り上げられるのが「死の谷 (The Valley of Death)」の克服である。「死の谷」とは、多くの新しい技術コンセプトが技術的・経済的実効性を証明する前に、基礎研究と市場化の間で投資を受けられないことによって製品化・事業化に進まない状況を示したものである[8]。アメリカ国務省は ATP (The Department of Commerce's Advanced Technology Program) によって迅速に資金を供給することで、この谷を克服することができ、それが新しい技術を利用するために重要であることを示した。

　岡本 (2004、p. 8) は「スイスの IMD の 2002 年の調査によると、日本の科学技術力は世界第 2 位であるが、マネジメントの水準では 41 位、国際競争力では 30 位とこの 10 年間で評価が急速に低下している。これは我が国においては高い科学技術力やその成果が事業化につながっていないことを示している。別の表現をすれば研究成果の事業性を経営者が見極められずに埋没させてしまうことである。これが『死の谷』問題である」とし、わが国においては、新しい技術はこの「死の谷」を乗り越えれば、製品化、商品化に向かって進むことができ、「死の谷」の克服こそが、研究成果の実用化への成功率を高め、わが国の産業競争力の強化につながるという MOT の導入議論の基礎を形成した（経済産業省技術環境局大学連携推進課 (2003 年 4 月)、技術経営の (MOT) の普及に向けて「談論風発」)。

　さらに入江 (2005、p. 3) は、「一見すると、「技術シーズの事業化→産業レベルでの波及効果（技術革新）→経済の活性化（景気回復）」という図式は説得力がある。しかし各矢印の左側にある項目は、右側の項目を必然的に導くわけでなく、要因の一つに過ぎない」としている。

　中小企業、特にスモールビジネスにとっても、研究開発に取り組む上でもっとも大きな課題とされているのがこの研究開発活動資金である。しかし研究開

発の阻害要因としての資金の比率は24%と単独では最大であるが、研究開発の従業者数が不足している（21%）、研究開発部門の従業者の質が不足している（16%）と人材面では47%となり、「研究人材」がもっとも大きな課題として認識されている。さらに中小企業の研究開発問題をみると、人材と資金以外にも研究開発のコスト問題（5%）、製品ライフサイクルの短縮化（6%）など幅広い要因が存在しており、研究開発の阻害要因は多数存在しており（『中小企業白書2009年版』pp.73-74、第2-1-31図）、スモールビジネスにおいては資金問題をもって死の谷として特定することはできない[9]。

（4）事業創造、イノベーションとしてのMOT

　第三の領域は、事業創造、イノベーションという戦略的マネジメントの視点であり、わが国において議論されてきたMOTの大半はこの領域に属する。これは政策の視点（政策的MOT概念）から見れば、国、もしくは産業全体の競争力の強化を目的とし、その手段（経営管理手法）としてMOTを位置づけるものである。

　この領域のMOTの定義は「技術を事業の核とする企業・組織が次世代の事業を継続的に創出し、持続的発展を行うための創造的、かつ戦略的なイノベーションのマネジメント（経済産業省）」であり、具体的な対象領域として「的確な技術開発目標設定及び開発戦略の構築、外部資源等の活用によるイノベーションの活性化、イノベーション・プロセス・マネジメント、知的財産権マネジメント等への対応」が例示されている（経済産業省産業技術環境局大学連携推進課資料）。

　この概念は「技術が持つ価値を最大限に引き出し、新製品や新事業を創出すること（谷島［2004］p.18）」と、技術をいかに製品化、事業化するか、すなわち「技術の市場化（寺本・松田　監修［2002］p.26）」、「新商品の導入、新市場の開拓につながらなければ、技術への投資が継続できなくなり、やがてそのことが技術革新への停滞を招く」（谷島［2004］p.16）という持続的発展の観点がある。

また政策的な視点では「①事業レベルにおける技術シーズの新事業化が、②産業レベルでさまざまな新事業の創造へと波及する技術革新（イノベーション）を引き起こすことで産業競争力が強化され、③これが国民経済レベルでの景気の不連続的な上昇（景気回復）につながっていくと想定し、①の事業レベルにおける技術シーズの新事業化の段階を促進するための知識と、①から②への波及効果を可能にする知識がMOT（入江［2005］p.3）」となる[10]。

　イノベーションとしてのMOTを推進する上で鍵となるのは、研究開発においてどれだけ独自性を追求するのかという視点と組織的取り組みの重要性である。ここで「企業規模別研究開発の質」によって企業規模と研究開発の独自性をみると、規模が小さいほど独自性（「競合他社では全く行われていない研究開発をしていることが多い」）が高く、逆に規模が大きくなるほど追随型（「自社が先行しているが、競合他社も追随している研究開発が多い」）が多くなっている。同様に新製品の革新度と企業規模をみると、規模が小さいほど、革新度の高い新製品（既存の製品はなく、市場において全く新しい製品＝飛躍的変化を伴う製品）の比率が高く、規模が大きくなるほど、漸進改良的製品（「既

図表6-8　企業規模と差別化行動の関係

（従業員数）	飛躍的変化を伴う新製品 既存の製品はなく、市場において全く新しい製品	漸進改良的な新製品 既存の製品の高品質化	既存の製品と全く異なる特性の付加	既存の製品の低価格化	既存の製品との差は特に無い	その他	合計
全体	13.1	32.5	30.9	15.3	5.7	2.5	100.0
～20	17.3	31.1	30.7	12.3	6.4	2.1	100.0
21～50	14.1	31.4	30.0	15.9	5.6	3.1	100.0
51～100	10.6	32.3	31.7	16.8	5.9	2.8	100.0
101～300	11.0	34.8	31.4	16.2	5.0	1.5	100.0
301～	9.8	38.3	30.8	14.3	3.8	3.0	100.0

（出典）『中小企業白書2005年版』図表2-1-64図

存の製品の高度化」、「既存の製品と全くことなる特性の付加」、「既存製品の低価格化」）の比率が高くなっている（『中小企業白書2005年版』pp. 62-63）。このことからスモールビジネス、特に製品開発型のスモールビジネスはすでにイノベーションに積極的に取り組んでいることが分かる。

　また新製品の開発においては、研究・生産・営業との連携が重要であるが、大企業に比べて中小企業は部門間のコンフリクトが少ないことから一体感のある取り組みが可能である。「過去の新製品開発の成功・失敗の割合」と「開発・生産・営業での意見の相違の有無」をみると、成功割合と3部門の意見の相違にははっきりとした相関がみられた（『中小企業白書2005年版』2-1-63図）。このことから革新的な製品開発において、スモールビジネスはMOTに対する組織マネジメント体制においても優位となっていることが分かる。

3. スモールビジネスの製品開発プロセス

　日本マーケティング協会（2005 b）の『事業部門トップからのマーケティング革新の提言』は、競争優位を得るための2つのマーケティングとして、「製品開発（技術）」に成長の基軸を置くものと、「差違化されたブランド（消費者との関係性）」に基軸を置くタイプの二つのタイプを想定している。「製品（サービス）開発を追求する戦略の特徴としては、①技術の優位性を市場に持ち込む戦略、②次々に新製品開発を行う強い技術資源をもっている、③次々に導入される新製品を売り切る強いチャネル・営業部門をもっている、④消費者との関係は製品毎でフレキシブルであることを重視する。そしてブランドを重視する戦略の特徴として、①技術以外（パッケージ、デザイン等）の顧客関係性を重視する、②消費者のライフスタイル（使用法）との関わりを重視する、③営業よりもマーケティングに投資する、④消費者との継続的な関係を重視する、としている。しかしスモールビジネスの技術においては両者を区分することは有用ではない。スモールビジネスの技術マネジメントでは、「技術開発型」は単独で存在するのではなく「顧客関係重視」と「技術開発型」を融合したも

第6章　スモールビジネスの技術と経営力

のとして存在するからである。

　製品開発プロセスは、従来のプロセスであるアイデアから始まりスクリーニング、事業化分析、開発、テスト、市場導入とアイデアが順次実現されるリニアなプロセスではなく、アイデアの源泉（図表6-9の網掛け部分）は開発段階でも、生産段階でも、テストの段階でも、そして市場導入の全ての段階にも存在している（図表6-9）。そして何よりも顧客の経験や使用状況がもっとも重要なアイデアの源泉であり、この顧客とのコミュニケーションの重要性が開発プロセスを継続的なものに変えている。すなわち新製品は「市場の導入」で完成するのではなく、継続的に開発され続けていくプロセスとなる。このプロセスの中では、消費者の製品使用は製品の使用方法を開発するだけでなく、製品のコンセプトやアイデアも同時に生み出し、そして製品開発者の意図や製品

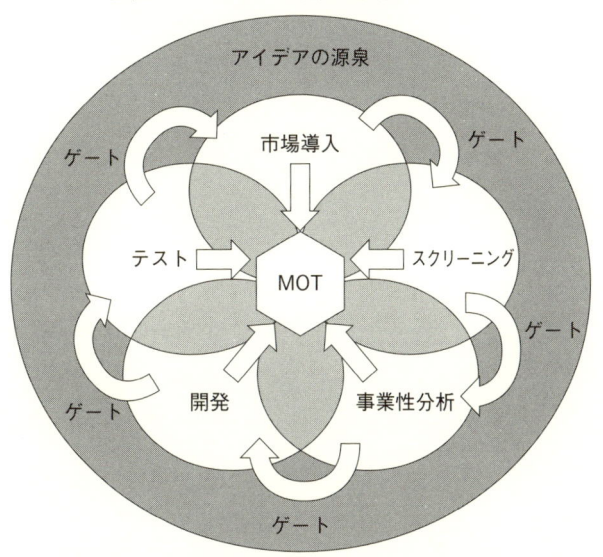

図表6-9　MOTと新製品開発プロセス

注：各製品開発のプロセスの中で重なり合っている部分（オーバーラップ）は、コンカレントな開発を示し、同時にこの部分がスクリーニング・ゲートとして機能している。
（出典）筆者作成

コンセプトに関係なく自分の使いたいように、使いやすいように適宜、製品を修正しているのである。それゆえにスモールビジネスの製品開発プロセスは、技術開発に基軸を置くものの、顧客との継続的な関係という顧客重視のプロセスを基礎に市場を継続的に創造し続けるプロセスとなる。

それゆえMOTが目指す市場適応は、既存の製品や既存の競争環境を前提に市場をシェアするものではなく市場を創造することにあり、そのイノベーションは需要や消費者のニーズの存在を所与のものとはしない。所与としないことは、その存在を否定することではなく、事前に捉えられたり、完結したりしないことを意味しており、顧客との関係の継続性、生産者と使用者関係の曖昧さの上に成り立っている。

4. スモールビジネスにおける技術（まとめ）

スモールビジネスの経営力は、高度化・経営革新行動への取り組みを通して創成されることから、技術のマネジメントはきわめて重要な要素である。しかし中小企業の技術は規模と業種によってそれぞれ特徴を持ち、一般化することは困難であり、それぞれの業種等を対象にした詳細な分析と検討によって課題を特定化し、問題解決を進め、競争優位を構築することにある。それゆえ技術のマネジメントは、スモールビジネスにとっては顧客の問題解決行動であり、中企業以上における研究開発行動とは明らかに異なっている。

スモールビジネスの技術は、技能と熟練を競争優位とするが、ME（microelectronics）からCIF（Computer Integrated Manufacturing）化、3Dプリンタに代表されるような飛躍的な機械の高性能化、発展途上国の技術・技能の進展は、わが国のスモールビジネスの優位性である技術と熟練が機能する範囲を急速に狭めつつある。スモールビジネスの競争相手は、大企業というよりも高度化された機械と発展途上国の技術者である。それゆえに独自の道具（機械）の追求、製品の作り方の独自性に加えて、製品そのものの革新性を追求して行かなくてはならない[11]。

第6章 スモールビジネスの技術と経営力

　また中企業以上における研究開発の優位性についても、大企業の一方的な優位性が示されているわけではない。シュンペーターは研究開発に研究開発費の負担、独占利潤による資金力から大企業の組織による研究開発がイノベーションの源泉になるという仮説（シュンペーターの仮説）を示したが、コーヘン＝クレッパーのコスト・スプレッティング理論（Cohen、Klepper［1992］）は逆に大企業の研究開発投資限界生産性の低下（規模の経済性は働らかない）を示している。これらに対して『中小企業白書2002年版』（pp.105-106）は、研究開発費に対する特許出願件数の弾力性の検証から、わが国では研究開発においては規模の経済性は作用しないとしている[12]。これにはシュンペーターが仮定していなかった大企業における組織の官僚化（シュンペーター・清成［1998］p.160）、研究開発のオープンイノベーション化という状況の変化、研究開発における産学連携効果、エンジェル税制などの優遇措置などの結果であると考えられるが、中企業にとっても「研究＋開発」の方向で研究開発を実行する環境が整ってきている状況を示している。

　また中小企業の研究開発の特徴は、見込み成功率50％未満の開発活動に取り組む割合が高いこと、1年未満の研究開発実施企業の割合が多いことからハイリスク、短期決戦型である（『中小企業庁2002年版』pp.104-105）。これはスモールビジネスが組織的特徴からリスクの高い意志決定が可能であること、開発に対して敏捷性（agility）を発揮する必要があること、そして資金的制約から短期で臨む必要があることからもたらされた結果である。

　しかも研究開発人員の制約も、経営者や兼務者によって乗り越えるなどによって全要素生産性（total factor productivity）[13]を上げており、これらが技術力を競争優位の源泉としている。

　今後はより革新的な技術（disruptive technology）によって市場の概念が大きく変化することが予想されていることから、スモールビジネスの開発志向の継続は困難を伴うが、産学連携などの「開発型連携」、「分業型連携」を強化することでスモールビジネスは技術を経営力の創成源として維持することが可能になる。

【注】

(1) 技術とは mechanical art の訳語として西周によって用いられた用語である。西は「術」とは目的の存在を前提とし、その目的を容易に達成するシステムであるとしている（大久保［1981］p. 46）。

(2) 技術経営が国の新産業創出、企業の競争力構築、そして人材教育の柱の1つとして重要な課題となり、国、企業、大学にとって取り組むべき重要な課題として認識されたのは2000年以降である。2003年に経済産業省が「MOT人材1万人創出可能な環境整備（起業家・経営人材育成プログラム導入促進事業：技術経営（MOT）プログラム開発）」を打ち出すと、2004年、2005年にはMOTブームが起った。しかしながらMOTに対する意識の高揚と多方面からのアプローチは、同時にMOTの概念を曖昧模糊とする一種の混乱を引き起こした。これはMOTが企業の競争力、創造力、技術力など、本質的に多面的な要素から構築され、MOTに対する視点も経営戦略、人材、教育から政策まで、さまざまな視点が存在しているからである。これらの混乱はMOTへの取り組みの意義や重要性に何らの疑問を与えるものではないが、MOTを産業構造の変革や競争力の飛躍と直接的に結びつけたり、MOTを企業戦略の唯一の要として位置づけ「MOTこそが技術を基礎に企業経営の全体を包括するものであり企業の競争力を築き上げる」などという短絡的な理念や、包括性が重要であるが使い方の分からない哲学的な概念にしてしまう危険を持っている。MOTを現実的で有用な経営概念として活かしていくためには、技術は企業の存続・発展を決定づける重要な要素であるが、同時に経営資源を構成する一要素であることを認識した上で、他の経営資源との効果的な融合を意識的にマネジメントすることが必要である。

(3) 産業技術開発力に関わる実態調査の性格別研究（基礎、応用、開発）では、「企業等、非営利団体・公的機関及び大学等が社内（内部）で使用した研究費のうち、自然科学（理学、工学、農学及び保健）に使用した研究費を「基礎」、「応用」及び「開発」に区分している。なお、この性格別研究費総額を「自然科学に使用した研究費」としている（経済産業省産業技術環境局技術調査室［2003］）。

1. 基礎研究：特別な応用、用途を直接に考慮することなく、仮説や理論を形成するため、又は現象や観察可能な事実に関して新しい知識を得るために行われる理論的又は実験的研究をいう。
2. 応用研究：基礎研究によって発見された知識を利用して、特定の目標を定めて実用化の可能性を確かめる研究や、既に実用化されている方法に関して、新たな応用方法を探索する研究をいう。
3. 開発研究：基礎研究、応用研究及び実際の経験から得た知識の利用であり、新しい材料、装置、製品、システム、工程等の導入又は既存のこれらのものの改良をねらいとする研究をいう」としている。

(4) エアハブを開発した中野鉄工所の中野隆次社長は、J-net21企業未来のインタビューに

第6章　スモールビジネスの技術と経営力

おいてエアハブの製造機械はすべて自作であり、機械（道具）の製作がまた技術を磨くと道具（機械）の自作の重要性を指摘している（http://j-net21.smrj.go.jp/well/mirai/2007/01/post_94.html）。
(5) 統計表、企業編第2表　産業、従業者規模別研究関係従業者数、社内使用研究費、受入研究費及び社外支出研究費（会社）より算出。従業員数は研究を行っている企業のみを対象とした。
(6) 常盤（2012、pp. 383-384）は中小企業においては「売り手」と「買い手」は一体不可分であるとしている。すなわち「作る」と「使う」、「売る」と「買う」という行為が一体化することによって両者の循環を作り出しているとしている。
(7) わが国の競争優位を支えてきた製品開発力については、技術開発型の中小企業を除いては「日本企業の技術開発プロセスを発明、新製品化、商品化の3段階に区分すると、日本は商品化技術開発（量産化技術開発、コストダウン、品質管理、改良開発など）のプロセスに非常に偏って競争優位を発揮してきた（寺本・松田　監修［2002］p.15）」。そのことから「21世紀の日本が学ぶべきは、90年代シリコンバレーで実行された、ベンチャー主導の技術経営である。すなわち、不確実な未来の新事業や革新的新製品に挑戦するための技術経営である。量産型商品開発、TQMやコンカレント・エンジニアリングなど（中略）リスク挑戦型の中長期技術戦略の実践である（寺本・松田　監修（2002）pp. 16-17）」。
(8) アメリカ国務省（NIST：National Institute of Standards and Technology）はこれを研究開発展開容易性曲線によって視覚的に示して注目を集めた。
(9) 一方、革新的な製品や新しいビジネスモデルを創造・構築する段階のベンチャー企業においては、資金問題は主な障害要因とされるが、革新的な製品や新しいビジネスモデルに対する公的支援や民間支援と、ここでいう死の谷とは別の視点から考える必要がある。
(10) しかし一方ではMOTを直接的に事業創造やイノベーションと結びつけることは、MOTに対する理解を難しくすることになる。なぜならば事業創造やイノベーションという概念がきわめて包括的であるがゆえに、MOT概念に包括性を与えてしまうからである。すなわち「MOTは、技術をベースにして事業を創造し、世の中に役立つこと（出川［2005］p.15）」などときわめて理念的・哲学的に扱うこと、もしくは「MOTを厳密に定義すると、企業のバリューチェーン（経営、人事、情報、マーケティング、開発、調達、生産、物流、アフターサービスなどの業務プロセス価値連鎖）における技術課題を体系的に経営することである（寺本・松田　監修［2002］p.25）」などのように技術を中心に据え、経営の全てのカテゴリーを包括したものとして定義することによる混乱である。

しかしながらMOT概念の包括性は、MOTが「経営に有用なツール」として機能するためには不可避なものである。それは核となる新技術は、「それ自体ではイノベーションたりえず（中略）、補完資産の形成とコア技術の開発が並行して行われるという、いわば、開発と普及を区別しない理解が必要（入江［2005］pp. 14-16）」とされているからである。
(11) オープンイノベーション化の進展によって知的財産の保護と活用という知的財産戦略の構築も不可欠となる。

(12) 『中小企業白書2002年版』(p.105) は、研究開発の世界の中で研究開発費が1%増加したときに特許出願件数は約0.6%しか増加していないと規模の経済性が作用しないとしている。
(13) 全要素生産性とは、労働や資本等の生産要素の投入の増加では説明のできない、生産要素に中立的な技術進歩を示す指標。

第7章

ファミリービジネスのマネジメントと事業承継プロセス

　ファミリービジネス（family business）が社会的、経済的に果たしている役割は極めて多岐にわたっている。EUのファミリービジネスに関するレポート（EU［2009］pp. 4-5）は「ファミリービジネスは経済に貢献しているだけでなく、ファミリービジネスがもたらす長期的安定性、地域社会への関与、所有者としての責任、そして彼らの示す価値においても重要である。（中略）そして欧州企業の70から80％がファミリービジネスであり、雇用の40から50％を賄っている」とし、またケニョン・ルヴィネとウォードも、「自由経済圏では、ファミリービジネスは国民総生産（GDP）のおよそ50パーセントから90パーセントを占めている。（中略）オランダでは小規模なファミリー企業が企業全体の75パーセントを占め、米国の雇用の60パーセントは小規模なファミリー企業によって支えられている（Kenyon-Rouvinez & Ward［2005］邦訳p. 23）」とその経済的重要性を指摘している。そしてわが国においてはこれらに加え起業機会の視点からもファミリービジネスの役割は重要である[1]。

　「ほとんどの中小企業がファミリービジネスであり、ファミリービジネスの大多数が中小企業（EU［2009］p. 5）」である以上、その研究は中小企業経営の研究と重なり合っている。あえてファミリービジネスを研究対象とするのは、ファミリービジネスがそうでない場合とは異なった特性や組織を持っていることから別のマネジメントを必要としていること、そして何よりもファミリービジネスに関する考察（ファミリービジネスの視点からの研究）なくしてスモールビジネス経営の研究は充分なものとはならないからである。

　また本章は、スモールビジネスの発展に不可欠な事業の継続性（ゴーイング

コンサーン：going concern）について、ファミリービジネスにおける事業承継から考察し、ファミリービジネス・マネジメント研究の基礎を提供する。

1. ファミリービジネスの定義とスリーサークルモデル

　ファミリービジネスは、全企業の70から80％を占めておりその数は膨大である。しかもマイクロビジネスからフォード自動車（Ford Motor Company）のような大企業までが含まれ、規模においても幅の広い事業形態である。それゆえにファミリービジネスはさまざまの視点から議論され多様な定義がある。

　ファミリービジネスを企業規模の側面からみれば、「中小企業であるがファミリービジネスでない」、「中小企業でファミリービジネス」、「ファミリービジネスであるが中小企業でない」の3つに区分されるが、本章が考察対象とするのは中小企業でかつファミリービジネスである。

　またファミリービジネスは家族（family）、所有（ownership）、そしてビジネス（business）の3つの要素から構成されている（Tagiuri and Davis [1992] p. 49)。

　Chua、Chrisman and Sharma（1999）は、所有と経営の視点からファミリービジネスを（A）家族所有で家族経営（family owned and family managed)、(B）家族所有で非家族経営（family owned but not family managed)、(C）家族運営で非家族所有（family managed but not family owned）の3つに分類し、(A）タイプがファミリービジネスであることに異論を挟むものはいないが、(B）と（C）には異論があることを指摘している。

　EU（2009、p. 8）は、ファミリービジネスにおける課題を改善する上では、3つの要素の中で所有（ownership perspective）が家族企業と非家族企業（non-family business）を分ける要素として適切であり、会社の規模（company size perspective）よりも明確であるとし、事実上、家族運営で非家族所有をファミリービジネスから除外している。さらに構成者の視点から見ると、外部の投資家（1番）から3要素を満たす原型（prototype：7番）までが存在す

るが、ファミリービジネスの考察対象となるのは4と7の2つとなる（図表7-1）。

しかしこの3要素は静的に存在するのでは無く、さまざまな類型が提起されている。これは定義の基礎になる用語としてのファミリーそのものが、文化的にも時代によっても異なっており、しかも極めて動的であることから、このスリーサークルモデル自体もアドホック（ad hoc）な特質を内包している。特に離婚率の上昇はファミリーサークルを複雑にし、再婚が行われればその関係はさらに複雑になる（McCabe [2012]）。

所有についても同様に、ファミリー要因の変化を受けるだけでなく、第二世代（子供世代）、第三世代（孫世代）に移行すると、通常は所有形態が複雑になることから、所有に関するマネジメント（事業承継のマネジメント）が必要となる。わが国においては親の高齢化とともに子供の高齢化が急速に進むことによって家族内関係が大きく変化しており、起業環境から事業継承にまで大きな影響を与えている（博報堂生活総合研究所 [2012]）。

Chua ら（1999）は、ファミリービジネスの定義に関する考察において 250

図表7-1　ファミリービジネスのスリーサークルモデルと構成者

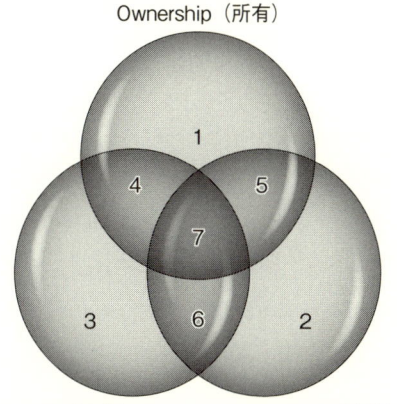

1	外部の投資家
2	非家族の経営者か従業員
3	所有者でも従業員でもない家族
4	所有権を持つ家族であるが、社外
5	所有権を持つ経営者か従業員
6	所有権を持たない家族で経営者か従業員
7	家族、所有者、経営者もしくは従業員の3要素を持つ

（出典）Tagiuri and Davis [1982] p.49, Figure1. TheThree-CircleModelofFamilyBusiness

以上のファミリービジネスに関する論文を検証している。Chuaらの研究によってファミリービジネスの定義を分類すると、「所有と経営（マネジメント）」を定義の対象とするものが12定義、「経営と承継」、「所有のみ」の要素によって定義付けしているものがそれぞれ4定義、そして「経営」のみをあげているのが2定義となっている。これらの分析と考察からChuaら（2009、pp. 22-25）は、ファミリービジネスと非ファミリービジネスを構成要素によって分類すると、多くの企業を除外しなければならないことを問題点として指摘し、ファミリービジネスは「構成要素」によって定義するのではなく「行動」よって定義すべきであるとしている。この行動による定義とは「長期的に家族の利益を守るためのビジョン（vision）が維持され、そのビジョンがその戦略や方向性を決める企業」としている。

これによって確かに定義が持つ構成要素からの多くの制約を取り除くことができるが、ビジョンこそ「ファミリービジネスはファミリーとビジネスから成立し、ファミリーとビジネスは基本的に異なった理由によって成立する別々の制度であり、それにも関わらず、それぞれのメンバー、ゴール、そして価値がファミリービジネスの中で重なり合っている（Longenecker et al. [2009] p.122）」ことに留意しなくてはならないものである。

一人の人間はファミリービジネスの中で家族、経営者もしくは社員、一人の独立した人間という複数の立場と役割（地位）を持っている（図表7-2）[(2)]。個人を中心に考えれば、会社との関わり（a、c）、個人と家族との関わり（a、b）と会社や家族を離れた個人としての立場・役割（d）においてはそれぞれの行動やビジョンが存在し、そのビジョンは特定のカテゴリー（a）において一致する必要があっても、そこにさまざまなコンフリクト（conflict）が存在するのが一般的である。個人、企業がほぼ重なった創業者が自営業者として家族とともに経営する場合には、この3つのサークルはあたかも一つのサークルのように重なり合うであろうが、会社の成長・発展、家族メンバーの広がり、そして会社が成長することによって大きくなる非家族従業員（nonfamily employee：f）との関係は、ファミリービジネスのビジョンをそのまま適応する

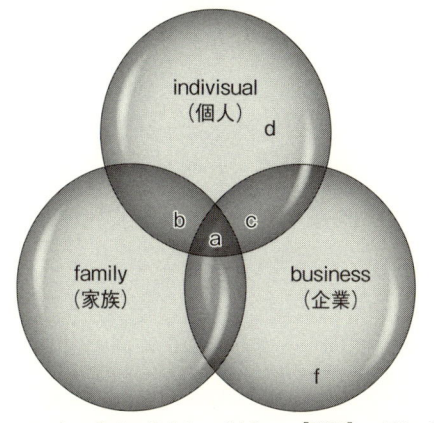

図表 7-2　個人と家族の役割のコンフリクト

indivisual（個人）
d
family（家族）
business（企業）
b　c
a
f

（出典）Longenecker, Petty, Palich and Moore［2007］p. 123、figure5-1

ことを困難にする。

　以上のことから、本章では構成要素による定義と行動による定義を組み合わせ、「ファミリービジネス（家族企業：family business）とは、ファミリーによって所有され、ファミリーの目的のためにビジョンを共有するファミリーによって経営されている、家族所有・家族経営企業（family-owned and managed companies）」として考察を進める。

2. ファミリービジネスの定義と発展過程

　中小企業の経営発展の前提には、組織体がゴーイングコンサーン（継続的な企業体）として成立していることである。中小企業、特にここではスモールビジネス（小企業）を考察の対象としているが、スモールビジネスの経営目標の第1は利益を上げることでも、業容を拡大することでもなく、とにかく存続することである（斎藤［2006］pp.10-11）。ファミリービジネスの存続については「ファミリービジネスが第二世代まで受け継がれるのは30％未満であり、さらに第三世代まで存続するのはわずか10％に過ぎない（Lambrecht［2005］

p.267)」とされる一方、フィンランドの調査ではファミリービジネスの平均寿命は非ファミリービジネスが15年に対し25年とされ、スウェーデンやスロヴァニアでも非ファミリービジネスに比べて存続期間が長いとされている（KMU Forschung Austria［2008］p.57）。しかし存続は決して容易ではなく、存続を確保したならば、次には単に存続するのではなく、ホワイトヘッド（A.N. Whitehead）の三重の衝動のごとく、よく生きる、よりよく生きる発展によって経営資源の制約を縮小していかなければならない（加藤［1997］pp.50-51）。それゆえここでいう発展とは、量的な拡大のみを前提とするものではなく、漸進的に目的に向かっていく質的な向上によって成り立つ概念である（小嶌［2012a］pp.58-70）。もちろんこの発展概念は成長の機会を放棄しているのではなく、「成長をともなう発展」とともに「成長を伴わない発展」の存在を示したものである。この視点からすればファミリービジネスも発展過程の中でゴーイングコンサーンしていくことになる（加藤［1997］p.51）。

　ファミリービジネスの定義を存続・継承の視点から見ると、定義には複数の時間的な広さがあることが分かる。Babicky（1987）は「アイデアを持ち、それを開発するために全力で働き、自らのアイデアを実現する個人もしくは数人によってはじめられた一種のスモールビジネス。そして企業の所有権の過半数を維持している一方、通常限られた資本をもって、成長する」というように創業、創業者が率いる企業・スモールビジネス（原型）を強く意識してファミリービジネスを定義し、Stern（1986）は「一人もしくは二人のファミリーメンバーが所有し、運営するもの」というパパママストアを含めたマイクロビジネスを意識して定義している。一方、事業継承を前提にした定義としては、Churchill & Hatten（1987、p.52）の「ファミリービジネスとは、続く世代がビジネスのコントロールを現在の世代から引き継ぐか、引き継ぐことを前提とすること」、Donnelley（1964、p.94）の「少なくとも2世代の家族が緊密に参画し、それが会社の政策、家族の利益と目的の双方に影響を与える組織」、Handler（1989、p.262）の「主要な経営に関する意思決定、後継者の計画が、ファミリーメンバーの経営者もしくは役員によって影響を受ける組織」、

Longneckerら（2010、p.122）の「会社を設立した、もしくは獲得した個人、もしくはその子孫の組織で、家族が会社の戦略的決定やライフコースに重要な影響を与える会社」などの定義があり、さらに継続性を前提とした定義としては、Kenyon-Rouvinez & Ward（2005）の「2世代以上にわたって存在し、次世代に渡すことを意図すること（3代続くこと）」を条件にしているものがある。

　自営業、スモールビジネスを個人もしくはファミリーが事業（ビジネス）として創業・開業して（原型）ファミリービジネスがスタートする。そしてそのビジネスが承継される魅力を具備した段階で第二世代がそのビジネスを承継する。そして第二世代のファミリービジネスから、正式に後継者（三代目）を養育過程の中で育て上げていくプロセスを実行することができる。その意味では、ファミリービジネスのスタートから第三世代の承継プロセスまでの過程で、ファミリービジネスとしての完成をみるとすれば、Kenyon-Rouvinez & Ward（2005）の三世代続いたことを前提とするファミリービジネスの定義は、完成型のファミリービジネスを示したものである。

3. ファミリービジネスの発展過程とその障害

　ここではまず創業者のライフサイクルと事業のライフサイクルからファミリービジネスを考える。ファミリービジネスもビジネスとして存続・発展するためにはゴーイングコンサーンを前提に存在する。それゆえファミリービジネスは創業者のライフサイクルとの同期化を避けなければならない。仮に創業者のライフサイクルとともに事業が終了するならば、経営の専門化（プロフェッショナル化）も組織への知識移転のマネジメントも、事業承継も不要となる。地方都市を中心に商店街の急速なブライト（blight：荒廃）が進んでいるが、これも外部要因だけでなく、事業の内部要因である事業者と事業のライフサイクルの同期化の進展の結果である。

（1）創業者のライフサイクル

　創業者の開業年齢を見ると、個人経営では30歳代が43.3%を占め、個人経営のライフサイクルは30歳代を中心に始まっている。一方、株式会社では、30歳後半から40歳前半を中心にする、なだらかなベルカーブとなっている（図表7-3）。

　スモールビジネスにおいても、店舗の改装や機械などの設備投資、重要な什器・備品への再投資が10～15年毎に必要になるとすると、40歳代後半から50歳代のはじめに1回目の店舗の改装や設備・機器・機械の更新時期が訪れる。

　一方で家族としての消費支出がもっとも多くなるのは教育費の負担が大きくなる50代前半であり、両者はこの時期に同時に起こる（総務省『家計調査報告』(平成23年平均速報版)。高校入学から大学卒業までにかかる子供一人当たりの教育費は1,024万円であり（日本政策金融公庫「教育費負担の実際調査

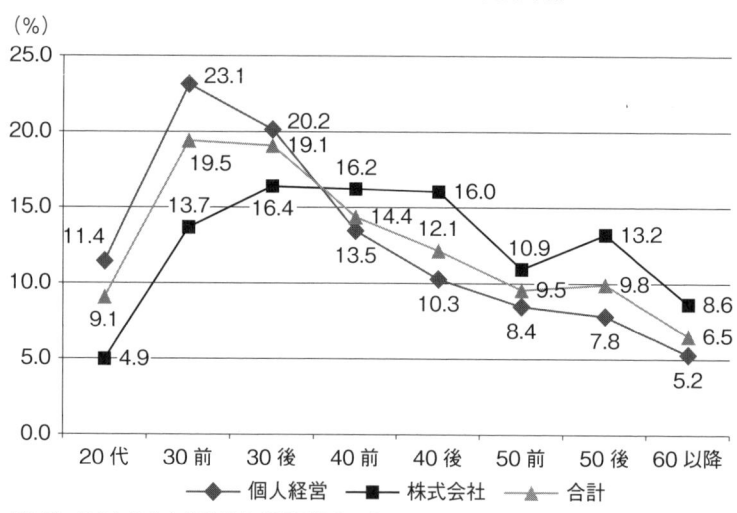

図表7-3　開業時の事業形態と開業年齢

年齢	個人経営	株式会社	合計
20代	11.4	4.9	9.1
30前	23.1	13.7	19.5
30後	20.2	16.4	19.1
40前	13.5	16.2	14.4
40後	10.3	16.0	12.1
50前	8.4	10.9	9.5
50後	7.8	13.2	9.8
60以降	5.2	8.6	6.5

（出典）東京大学社会科学研究所附属社会調査・データアーカイブ研究センターSSJデータアーカイブから〔「新規開業実態調査、2009」（日本政策金融公庫総合研究所）〕の個票データの提供を受け筆者が作成。合計は、個人経営、株式会社、有限会社、合名会社・合資会社、合同会社、NPO法人、有限責任事業組合、その他を合計したもの。

(勤労者世帯)」平成24年11月)、第1子と第2子の年齢差を2歳とすると、第1子が高校入学してから6年目の教育支出は400万円弱となる(図表7-4)。このことから創業者は開業から15年から20年の間にこの資金を準備しなくてはならない。

この金額は自営業者の開業時の内外装費用450万円、設備備品購入費用150万円に匹敵する金額であり、自営業者は、この時点で事業の改善、拡大に資金を投入すべきか、子供の教育費に支出するべきかの決断を迫られることになる(「新規開業実態調査(2009)内外装費用(Q31.1.4)と機械設備(Q31.1.5)などの購入費用の中間値)。

個人のライフサイクルにおいては「三大資金需要は、退職後の生活・住宅・教育(角田[2007]p.1)」であり、自営業の場合には退職後の生活への資金需

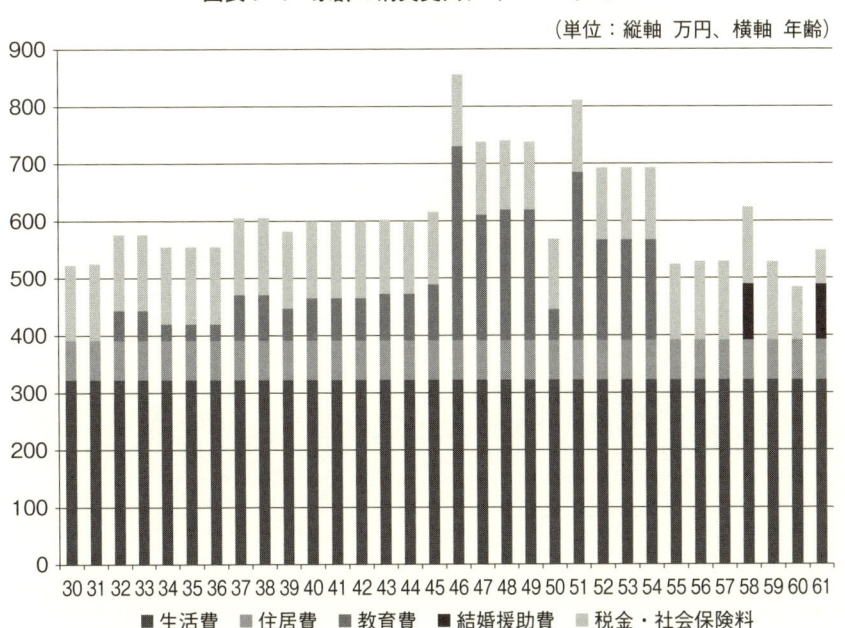

図表7-4 家計の消費支出シミュレーション

(単位：縦軸 万円、横軸 年齢)

(出典)日本生命保険会社による必要保険額のシミュレーション(世帯主30歳。配偶者28歳、第1子三歳、第2子2年後のケース)

要はないが、事業資金がこれに代わることになる。結果的に資金が限定されていれば、教育への投資は事業拡張期における投資資金を枯渇させ、事業の魅力を減じてしまうことから、事業は承継に耐える魅力を失う機会が増大する。ファミリービジネスの「家族のためにというビジョン」はここで個人・家族と事業の間でコンフリクトを起こすのである[3]。同様なジレンマは家族を優先するのか、事業を優先するのか、家族への責任か、専門経営者としての決定か、事業拡大か生活向上か、などの機会に起こる（Longenecker et al［2010］pp. 121-127）。

また資金需要の側面からはいかに資金計画（キャッシュフロー）を立案し実行していくかがゴーイングコンサーンの重要な鍵となる。自営業やマイクロビジネスにとって大きな資金需要は、既に述べた施設の更新、機械の入替などに限定されることから資金需要予測がたてやすく、これを基準（stepping-stone）に経営計画を立案することが必要である。またファミリービジネスの場合には、これらの投資に家族の資金需要を加えることが経営計画のボトムラインとなる。それゆえ可能な限り、ファミリーの資金が必要になる前に、法人

図表7-5 高校入学から大学卒業までの教育費負担

(単位：万円)

	学年	第1子	第2子	教育費計
1	高1	141.4		141.4
2	高2	92.5		92.5
3	高3	92.5	141.4	233.9
4	大1	246	92.5	338.5
5	大2	150.4	92.5	242.9
6	大3	150.4	246	396.4
7	大4	150.4	150.4	300.8
8			150.4	150.4
9			150.4	150.4

（出典）資料：日本政策金融公庫「教育費負担の実際調査（勤労者世帯）」平成24年11月

化する等によって事業者のライフサイクル、ファミリーライフサイクルと事業のライフサイクルの同期化を避け、事業承継を前提とするファミリービジネスとして確立する必要がある。

4. ファミリービジネスの事業承継プロセスと阻害要因

　ファミリービジネスが第2世代に事業承継された時点で、正式なファミリービジネスの事業承継プロセスがスタートする。創業者から第2世代までは、その事業が承継に値するものかどうかという「ビジネスの成果」が承継を決める要因であるのに対し、第2世代から先のファミリービジネスは、継続的な承継プロセスによって経営権を譲る譲渡者（Transferor）と引き継ぐ後継者（Successor）を同時に育成していくことが必要になる。その過程はまさしく「ゆりかごから墓場まで（Kenyon-Rouvinez & Ward［2005］邦訳 p.154）」であり、長期間継続する。

　Lambrecht（2005、pp.267-282）は、承継プロセス（multigenerational transition in family business）として6段階の長期的な承継ステップを提起し、Longneckerら（2010、p.139）がこれを5段階に改訂して承継プロセスを示している。ここではこの5段階ステージに沿ってプロセスを概観する。

　まず第1ステージ（pre-business involvement）はビジネスを肌で感じ、ファミリービジネスの価値観などに触れる時期である。子供達（後継候補者）は成長の場所でビジネスに接し、会社や店舗、倉庫などビジネスの現場が遊び場になっている。そして週末や休みなどに会社で関係する社員などと接し、さらにアルバイトなどでビジネス感覚を身につけるステージである。

　そして第2段階は教育と自己啓発のステージ（education and personal development）である。この段階では後継者は大学に入学し、自分自身の成長やネットワーク作りなどを行い、自分自身の将来について考える。

　第3段階は能力の証明（proof of competence）のステージであり、会社の中で後継者として能力を示すか、社外で修行を行う時期である。そして第4段

階の正式なビジネスステージ（formal start in the business stage）において正社員として仕事を始め、さまざまな部署や職種で経験を通してビジネスを身につけていくことになる。そして第5段階で正式な後継者ステージ（declaration of succession stage）に入り、後継者はしかるべき地位につき後継者としての役割を身につけて行くこととなる。

しかしこの承継プロセスを取り巻く環境は大きく変化してきている。すなわち伝統的な独身時代（bachelor stage）―新婚時代（newly married）―家族1（full nest1：育児期）―家族2（full nest2：教育期）―家族3（full nest 3：独立期）―巣立家族（empty nest）―孤独生存者（solitary）というファミリーライフサイクルはプロトタイプ（prototype）の役割に限定され、現在のファミリーライフサイクルは複雑化しており（Kotler [2005]）、以下のような課題が現出している。

まず第1ステージにおけるビジネスと家族との希薄さが事業承継プロセスの課題として取り上げられる。

Lambrecht（2005、pp. 276-277）は、このステージを年齢別に3つのステージに分け、生まれてから11歳までのステージとして、子供達（後継者）が、ビジネスの現場で遊び、現場が遊び場になっているステージ、11歳から15歳の間に週末や夏休みを間に現場を身近に感じ、15歳から17歳の間にアルバイトなどでファミリービジネスにより深く関わるようになるまでを学習ステップとしている。

石井（1996、pp. 8-24）は、店と住居の分離や子供の教育において商売と家族・生活の論理の分裂（家商分離）が商人家族を変質させていったことを指摘しているが、商人のみならず生活の場と仕事の場（現場）との分離（職住分離）は、家族メンバーがビジネスを生活の一部と感じない状況をつくりだし、このステージが機能しなくなっている。同様にパートタイムとしてファミリービジネスに触れ、鍵となる従業員を知り、自然に専門用語を知る期間は、受験勉強によって事業と距離を置くことが正当化されると、家族メンバーと事業との分離は加速され第1ステージは消滅する。

さらに第2ステージもわが国においては、ファミリービジネスに関わる機会を想定しにくい社会環境となっている。すなわち「勉強をする」ということが、さまざまな面でもっとも強力な免罪符となり、実際に勉強、研究に取り組むかは別にして、ファミリービジネスとの関わりを疎遠にすることを正当化する。

そして第4ステージでの後継者育成方法に対する視点も事業承継マネジメントの有効性を減ずる。後継者教育はさまざまな機関で行われているが、その視点は後継者教育に片寄りがちで、Lambrechtが指摘する現職の経営者（委譲者）と後継者の両面からの事業継承教育は充分でない。それが端的に表面化するのが第5ステージでの権限委譲である。所有権の移転を含めて事実上の経営者になったとしても、それはあくまで名目上の経営者であり、実権を含めた正式な経営者までの期間は決して短くない。その意味で、経営者と後継者の両方を見据えた事業継承が重要となっている。

スモールビジネスの経営者の役割は多岐にわたっており、経営の専門化と技

図表7-6 後継者の経営者殿関係と後継者期間

	経営者と後継者の関係	承諾年齢	承継年齢	後継者期間
長男	65.2	27.8	39.8	12.0
長男以外	13.3	26.5	37.7	11.2
娘婿	5.3	31.2	42.2	11.0
御亜実施	5.2	30.3	40.4	10.1
その他親族	4.6	39.5	48.9	9.4
従業員	5.5	40.4	49	8.6
社外の人	0.8	43.6	49.7	6.1

注：後継者と経営者との関係については、承継決定企業のみ、承諾年齢とは、承継を承諾したときの年齢、承継年齢は承継を予定している年齢、承継期間は両者の期間。総サンプル数は3,677、承継決定企業は1,470、ただし社会の人はサンプルが7で少ないことを留意。

（出典）国民生活金融公庫総合研究所［2008］『小企業の事業承継問題』図表1-11、1-12より作成。

術の承継を同時に行うことはかなり困難を伴う（小嶌［2012a］）（第 3 章参考のこと）。そのためにはこのように相互に関係し合う期間が承継プロセスに存在することが重要である。

　しかしながらこの相互関連期間は、高齢化・長寿命化とともに子供の高齢化が進むことで長期化してきている。すなわち子供の高齢化と平均余命の伸びとともに、生まれてから親を看取るまでの「親子共存年数」は、1995 年には父親 45.5 年、母親 51.9 年であったが、2000 年には父親 50.7 年、母親 59.4 年となり、親子共存年数は約 60 年に達した（博報堂生活研究所［2012］）。親子共存年数の長期化は、現役世代（委譲者の経営者期間）を長期化させ、正式な事業継承を遅らせるだけで無く、先代の成功体験に裏付けられたビジネスモデルの更新、改革の障害になる。

　またスモールビジネスの後継者の後継者期間をみると、後継者としての継続期間は長男が一番長く 12 年、長男以外も 11.2 年と長くなっているが、従業員の場合は 8.6 年と相対的に短くなっている。

　しかもファミリービジネスの基礎となる製品（家業）のライフサイクルが急速に短期化し、ファミリービジネスの基盤が揺らいでいる。1970 年代までは売れ筋商品の寿命は 5 年超が 59.4% ともっとも多かったが、2000 年代には 5 年超はわずか 5.6%、十分の一まで減少した。そして売れ筋商品でもっとも頻度の高い寿命は 1 年以上 2 年未満（32.9%）であり、急速な短縮化が現実化しているのである（『2005 年中小企業白書』p.37、第 2-1-13 図「ヒット商品のライフサイクル」）。

　ファミリービジネスの完成型が第三世代までの継続を条件にしながら、一方で第三世代までの継続は極めて厳しいものとされてきた。わが国の「売り家と唐様で書く三代目」、メキシコでの「父―起業家、息子―プレイボーイ、孫―乞食」[4] ということわざは、第三世代までの時間の経過の中で、製品やビジネスモデルの陳腐化が起こり、ファミリービジネスがこの変化に対し充分に対応できていない状況がその背景にある。現在では、顧客ニーズの大きな変化、グローバル化によるコスト競争などを加味すれば、ビジネスモデルの有効性や主

力製品の寿命は1世代に限定されることも考えられる。すなわち事業承継がその製品を引き継ぐことなしに行われること、すなわち第二創業、第三創業を前提とする承継となることで、ファミリービジネスのマネジメント・事業継承も従来とは異なるマネジメントを必要としている。

　このことからファミリービジネスの存続を確かにするためには、従来の経営承継という視点だけでなく、第5ステージを中心に2世代の共同経営など新たなファミリービジネス・マネジメントを研究する必要がある。

5. まとめ

　中小企業のほとんどがファミリービジネスであり、ファミリービジネスの大多数は中小企業である。それゆえにファミリービジネスに関する考察なくして中小企業経営の研究は完結しない。スモールビジネスは経営者の役割が大きいことからマネジメントは多くの要因から成り立っているが、ファミリービジネスは、さらに家族の要因が加わることから、さらに複雑になる。

　しかも家族の中では、お互いの能力、性格、生活、習慣などを充分に知っていることからまったくごまかしは効かない。家族の支持を得るためにはその裏付けとしてのマネジメント能力が必要となる。すなわちファミリービジネスの経営において家族の支援を受け経営者としてリーダーシップを発揮するためには、支援を受けるに値する専門知識と経営管理能力を求められるのである（Longnecker, Petty, Palich and Moore ［2010］ p.138)）。

　ファミリービジネスの定義は構成要素による分類と行動分類があるが、この両者は独立するものではなく、両者を組み合わせて考える必要がある。そしてファミリービジネスは所有、家族、事業という構成要素から限定されるが、ファミリービジネスの完成形は、後継者を育成するプロセスからも、やはり3世代続いたことを前提にするのは適当である。

　しかしながらプロダクトライフサイクル、ビジネスモデルの寿命の短縮化は製品（業種）を中心とした家業の継続の優位性を棄損させていること、子供の

高齢化、離婚などによる家族形態の多様化から、ファミリービジネスのマネジメントは、内向きのマネジメントから第二創業、第三創業といわれるような業態開発、業種転換など新たな視点が必要となっている。

　この環境下においてもファミリービジネスの優位点の一つである長期的視点は、迅速な意思決定とリスクテイキングを可能にすることから、リスクに対して小さな変化を積み重ねることでリスクに強い基盤を構築することを可能にする。また顧客に対して保証された品質や安心を含めた価値の提供、地域社会への関与、長期的顧客関係を前提とする強い倫理観は、単に製品やビジネスモデルを越える顧客との関係を構築する基礎となることができることから、製品のライフサイクルの短縮化、ビジネスモデルの変化は的確にマネジメントされたファミリービジネスには有利に働く要因になる。

【注】

(1) ファミリービジネスは、起業機会の中でも、女性や高齢者を含めた起業社会の視点からも重要な役割を果たす。
(2) この図はもともと家族従業員、非家族従業員の利害関係を示したものである。すなわち、(a（会社で働く家族）はb（事業の一部を所有するが、会社以外で働く家族）やc（家族でも所有者で無い従業員）よりも家族ゆえに優遇された処遇を好む）を示すものとして、Barnett & Kellermanns（2006）をベースに作成されたものを、筆者が個人の役割の複数化の解釈のために使用した。
(3) それゆえ教育投資に備えるための学資保険などによって着実に資金確保をする必要がある。
(4) Gen Spring Family Office（2011）"Family Policies and the Elephants in the Room"、The Miami Estate Planning Council, January, 20, 2011 には、米国 "Shirt sleeves to shirt sleeves in three generations"、中国 "From peasant shoes to peasant shoes in 3 generations"、ドイツ "The 1st generation creates、the 2nd inherits、the 3rd destroys"、イタリア "From the stable to the stars and back again" の例が挙げられている。

第8章 スモールビジネスの企業間組織

　スモールビジネスの大半は限られた市場において、適正規模で経営されることによって成長と発展を行ってきた。しかし戦後の経営環境の激変は、スモールビジネスに対して事業転換・業種転換など経営の根本的な転換を迫り、スモールビジネスは多くの業種において、競争激化や技術の高度化などに対応するために共同化、協業化などを行ってきた。この事業転換・業種転換の中には、政府の施策の支援によって集団化、協業化などを進めてきたものもあるが、あくまで政府の施策は、基本的に個別企業を対象とすることはなく、組合（事業協同組合、事業協同小組合、協業組合、商工組合、商店街振興組合、有限責任事業組合）などを単位とし、業界環境の整備を中心にしたものであった。

　しかし環境変化が業種の枠組みを越え広がると従来の政策フレームワークでは適応できず、企業の自主的な取り組みとして異業種交流・異業種連携（企業間連携）が始まり、スモールビジネスの企業間組織はその性質を変化させた。

　本章はまず中小企業の共同化、組織化への業界支援から異業種交流、新連携にいたる企業間組織をもたらした要因と支援について概観する。その上でウェイクの組織に関する考え方を援用して、連携プロセスにおける個別企業の目的と企業間組織の目的の関係を明らかにした後、支援目的と成果が明確になる連携プロセスの段階ごとの支援の必要性、中小企業支援ビジネスの育成などの必要性を示す。

1. 経営環境の激変と集団化、共同化

　本節では経営環境の激変によってもたらされた事業転換、業種転換、そして企業間連携の状況と政策支援の状況を検証する。この経営環境の変化については、①生活様式の急速な変化によって消費者ニーズが変化し、さらにGATT、IMFの加盟による輸出入環境が激変した1950年代後半から1963年の高度経済成長への離陸期、②ニクソンショック（1971年）、変動相場制（1973年）から第一次オイルショック（1974年）までの世界経済の停滞期、③プラザ合意によって円高が起った1985年からバブル崩壊（1990年）までの3つの期間に分けて考察する。

(1) 共同化・協業化・集団化

　第1の環境変化は、1950年代の後半の高度経済成長への離陸期に起こった。1956年の『経済白書』は経済環境の位置づけとして「もはや戦後でない」と表現したが、「もはや戦後ではない」とは、中小企業にとっては成長を支えてきた戦後復興需要が消滅するのと同時に、技術革新、生活様式の変化などによって需要の質と量が大きく変化することへの対応を迫られることを意味していた。その範囲と規模は極めて大きく、需要の変化と原材料の変化によって、1958年から1962年の5年間で産地全体の過半数（56％）が事業転換・業種転換に追い込まれた。特に繊維工業では全産地の70％、機械器具金属製品でも60％が転換を余儀なくされた（『中小企業白書1963年版』、第2部第6章　第2節　産地企業）。

　1963（昭和38）年の『中小企業白書』は、①需要減退、②市場拡大にともなう他産地の製品との競合、③技術革新にともなう代替品の出現、④手作業から機械化への移行、⑤内外市場における外国製品との競争、⑥労働力の確保難、⑦賃金水準の上昇等を環境変化要因とし、「近年の需給構造の変化によって、産業構成や輸出品構成に大きな変化が進行し、大企業の進出もみられるの

で、企業の自主的努力を助長する方向で、国内および海外市場における需要の増大と事業機会の適正な確保を支援するとともに、需要が明らかに停滞または縮小する分野については、発展性の高い分野への転換を指導促進することが要請される」(『中小企業白書1963年版』、第2章第1節　発展と停滞の分化)と業種転換の必要性を示した。

　市場の限定、生産量の限定の中で成立してきた中小企業の存立基盤は、市場そのものの拡大と競争激化により、さらに輸出入の環境変化によって適正規模の「適正」の状況が大きく変化した。そのため指定業種に対する産業構造の高度化、国際競争力の強化[1]などの支援策が近促法(中小企業近代化促進法：法律第64号、昭38・3・31)によって行われた。

　当時の主力輸出品であり、日米摩擦の原因でもあった繊維産業への対策としては、1967(昭和42)年に「特繊法(特定繊維工業構造改善臨時措置法)」によって、縫製機械の買い上げ廃棄等の過剰設備対策が行われ、事業転換・業種転換が「業種単位の構造改革」として強力に推し進められた[2]。また生活様式の変化への対応では、「げた」「たび」「竹すだれ」「漆器」などの伝統製品に対する産地(地域)単位での構造改善振興策として伝産法(伝統的工芸品産業の振興に関する法律、1974年)が制定された。

　さらにこの期間では、設備の近代化、経営管理の合理化、企業規模の適正化の推進策として、事業協同組合や企業組合形態による組織化、工業団地による集団化が進められた。しかし事業協同組合の主体となったのはスモールビジネスではなく中規模企業で、共同購入、資金貸し付け、教育情報提供、共同販売などの事業が行われた。集団化は機械・金属工業、木材工業、繊維工業、雑貨工業等で進められ、同様に卸売店舗の集団化のための商業団地が始まった。また既製服製造業者、みそ醸造業者等で共同出資会社が共同化の新形態として生まれた。

(2) 異業種交流・異業種連携

　第2の大きな環境変化はニクソンショックとオイルショックという2つの

ショックによってもたらされた。1971年にはニクソンショックにより大幅な円高が進行し固定相場制度（ブレトンウッズ体制）を維持するスミソニアン体制（1ドル360円から308円）に移行し、さらに1973年には変動相場制、そして1976年からキングストン体制となった[3]。しかも1974年にオイルショックによって景気が急速に悪化する中で、76年に「最近における貿易構造その他の経済的事情の著しい変化にかんがみ、中小企業者が行う事業の転換を円滑にするための措置等を講ずる」と事業転換法（中小企業事業転換対策臨時措置法）[4]が制定された。さらに78年には旧城下町法（特定不況地域中小企業対策臨時措置法）、80年に新城下町法（特定業種関連地域中小企業対策臨時措置法）、業種を基本としつつ産地振興を図る産地法（産地中小企業対策臨時措置法）が制定され、これら3法を中心に地域振興の視点に立った業種単位での構造転換政策が進められた。

しかし環境変化は「成熟化、個性化、地方化、業際化、情報化、ソフト化」、そして技術に関しても「複合化、先端化、システム化、メカトロ化」など幅広く、「市場と技術の双方からの変革が同時進行する状況（坂本他［1986］pp. 10-11）」が現出していた。そして企業間関係においても、「高度に専門化した技術の組み合わされた商品やサービスへの需要がたかまる傾向に即応して、実質下請関係としてではなく、各自の得意な製品や技術が相互に尊重される効率的な連携関係をめざすとともに、連携内容の面においても、知的経営活動にまでひろげていくことが期待されよう（『中小企業白書1973年版』第2部第4章第1節」と垂直的関係だけでは無く、水平的でかつ知的な経営活動までの広がりが必要となった。ここから従来の取引関係や技術の枠組みを超える新しい組織、異業種交流が自主的に生まれていった[5]。

異業種交流の起点は1964年に（財）大阪科学技術センター（OSTEC：Osaka Science & Technology Center）がはじめた技術相談所である。技術相談所は1965年には産学実地研究会となり、1970年に異業種交流を正式な目的とした新製品開発研究会、省力化技術研究会に発展した。この両研究会は1982年に技術と市場開発研究会（MATE：Market＋Technology：現在のマーケット

第 8 章　スモールビジネスの企業間組織

&テクノロジー研究会）となった（『異業種交流 20 年―知りあい・使いあい・創りあう』）[6]。

　このように異業種交流活動は 1970 年代から自主的に開始されたが、1978 年には異業種交流会の年間発足数が 10 を超え、さらに 1981 年までは毎年 10～20 件の交流会が各地に発足した。これらの異業種交流会が早い段階から一定の成果を上げていたことが、異業種交流会の拡がりをもたらした。

　しかし 1981 年に中小企業庁が、活発化していた異業種交流を支援する「技術交流プラザ事業」を開始すると年間発足数が 20 件を越え、1985 年にはついに 40 件を越える状況となった。政策的に支援することは異業種交流の垣根を一挙に下げたが、支援は同時に補助金活用のための異業種交流を生み出した。

　そして第 3 の環境変化は、1985 年のプラザ合意から円高、国際市場での価格上昇、円高不況、製造業の海外シフト、内需主導経済への転換であり、ここからは事業転換・業種転換に加え、新規事業開発が大きな主題となった。先の事業転換法は、特定中小企業者事業転換対策臨時措置法（新事業転換法）へと改正され、事業縮小の比率を 3 分の 1 まで下げたことから、完全な事業転換だけでなく、多角化がその施策範疇に入ったが、認定された事業数を見ると決して利用度が高かったわけではない。事業縮小には何よりも転換先が必要であること、施設廃棄などが前提となることを考えれば当然の結果であった。

　一方、異業種交流会発足数は 1984 年をピークに 1987 年まで減少していった

図表 8-1　異業種グループ数と構成比率（1985 年）

指導機関	組織数	構成比（%）
技術交流プラザグループ	113	11.6
共同受注グループ	185	18.9
商工会議所グループ	100	10.2
異業種連携組合	400	40.9
民間任意グループ	180	18.4
合計	978	100.0

（出典）坂本他［1986］p.3、表 1-1　異業種交流グループの構成。

が、1988年に融合化法（異分野中小企業者の知識の融合による新分野の開拓促進に関する臨時措置法、法律第十七号）が施行されると、再び年間50件以上の交流会が発足する状況となった[7]。しかしながら補助金などの支援を前提とした交流会は補助金の終了とともにほとんどが姿を消した（池田潔［2006］p.5）。

2．異業種連携の目的と成果

(1) 異業種交流活動の内容と成果

1980年代の異業種交流活動の成果は、情報成果と技術的・商業的成果に分類できる。情報成果には生産技術、新製品開発から経営管理、新市場の把握などが含まれ、「生産技術に関する情報」と「新製品開発・製品改良のヒントの成果」は50％を越えていた。一方、技術的・商業的成果は「新商品の開発・技術の共同開発が実現した」の16.0％以外は10％未満で、情報成果に比べると成果は限定的であった（図表8-2）。

1981年の『中小企業白書』は、交流の活動基盤を情報交換会におき、情報

図表 8-2　事業連携活動の成果

（単位：％）

情報成果	生産技術に関する情報を得ることができた	53.4
	新製品開発・製品改良のヒントを得ることができた	51.7
	経営管理に関するノウハウを得ることができた	39.1
	新市場の把握又は販売情報を得ることができた	30.3
技術的・商業的成果	新製品の開発・技術の共同開発が実現した	16.0
	市場開拓が実現した	9.5
	仕入ルートの相互利用・共同仕入れが実現した	8.8
	生産設備の相互利用・共同生産が実現した	7.5
	販売ルートの相互利用・共同販売が実現した	7.5
	その他	4.8

（出典）『中小企業白書1981年版』第1-3-15図より作成。

第8章　スモールビジネスの企業間組織

交換会を通じて①情報交換の円滑化や外部技術の導入、②新製品の開発、製品の改良のためのヒント、生産技術に関する情報、あるいは販売情報の入手効果、③新製品や新技術の開発などのための具体的な業務提携の実現、という進展プロセスを示し、技術的・商業的成果を導く情報の意義を評価していた。しかしながらこの情報は政策的に補助金の支出項目としては「技術開発の制約要因としての情報収集源の狭隘性の除去」を目的としたものであり、現場の意識との間に乖離があった。

　2002年時点では、技術交流プラザ事業や融合化法の支援によって3,000以上の交流グループが活動していたが、この異業種交流の活動目的をみると、「人的交流・情報交換」が67.0%を占め、主目的であった。続いて「新製品・新サービス開発」が23.8%であり、この両者をあわせると90%を越え、異業種交流活動の2大目的を形成していた（図表8-3）。

　この目的にしたがって交流活動の成果をみると、「人的交流・情報交換」に

図表8-3　異業種交流活動の目的と成果

(単位：%)

主たる目的		活動成果	効果大	効果有り	合計
人的交流・情報交換	67.0	人脈や情報ソースの拡大	44.3	48.9	93.2
経営手法の改善	1.8	経営手法の改善	11.7	54.3	66.0
経営人材の育成	2.1	経営人材の育成	9.6	51.5	61.1
新製品・新サービス開発	23.8	新製品・新サービスの開発	15.4	42.7	58.1
		商品開発力アップ	12.8	41.0	53.8
		商品開発件数の増大	7.1	33.8	40.9
現場改善	0.5	現場（工場）の改善	7.2	44.7	51.9
その他	4.8	社内の活性化	7.8	49.6	57.4
		販路拡大	10.3	46.1	56.4
		付加価値の上昇	8.3	47.8	56.1
		売上の増大	5.6	40.4	46.0

（出典）日本アプライドリサーチ研究所「異業種交流グループの活動実態と今後の支援の方向性に関する調査研究」（2002年7月経済産業省経済産業研究所委託調査）より筆者作成。

対する成果である「人脈や情報ソースの拡大」は90%以上の成果をあげていた。また「新製品・新サービス開発」の目的に対する成果には「新製品・新サービスの開発」が58.1%、「商品開発力のアップ」が53.8%、「商品開発件数の増大」が40.9%と、ここでも着実に成果があがっていたことがわかる。「経営手法の改善」、「経営人材の育成」、「現場改善」を目的とするものは、いずれも3%未満にもかかわらず、「経営手法の改善」は66.0%、「経営人材の育成」は61.1%、「現場改善」は51.9%と成果が認められていた。

　一方、異業種交流、事業連携活動において補助金等の支援対象は「企業が自社の独自性を確保しながら（資本提携や合併等によらず）、共有可能な経営資源を共有する目的で、他の企業と共同して行う具体的な事業を指すものとする。そのため情報交換や人的交流等を目的とし事業そのものを共同で行わない会合等への参加は事業連携活動に含まない」（『中小企業白書2003年版』p.193、脚注19）と限定されていた。しかし、異業種交流の現場では「技術開発成果のみを追い求める異業種交流会はあくまで一つの類型に過ぎず、異業種交流は中小企業経営のほぼ全般にわたってさまざまな形での活用」（日本アプライドリサーチ［2002］）が行われていた。

　次に異業種交流グループの具体的な交流活動の内容を企業規模と業種別分類で見ると、規模に関りなくもっとも多く取り組まれていたのが共同開発（43.4%）である（図表8-4）。共同開発は、規模が大きいほど取り組み割合が大きく、業種別では製造業で50%を越えていた。

　二番目に取り組まれていた共同販売（22.6%）と三番目の共同仕入（19.0%）は逆に規模が小さいほど多く取り組まれていた。その中心は卸売業と小売業であり、卸売業では共同仕入・共同販売が中心となっており、小売業においても共同広告宣伝に次いで多い活動となっていた。また共同仕入、共同生産、共同受注、共同広告宣伝、共同情報化への取り組みは小規模ほど高く、中小規模が最も多いのは共同物流のみであった。

　一方、業種別では、製造業においては共同開発（54.5%）を中心に共同生産（21.1%）、共同販売（19.9%）、卸売業・小売業では共同仕入、共同販売が主な

第 8 章　スモールビジネスの企業間組織

図表 8-4　企業規模別・業種別事業連携活動内容

(単位：%)

連携内容と規模・業態	小規模	中小	中堅	全規模	製造業	卸売業	小売業
共同開発	29.5	45.0	54.6	43.4	54.5	22.8	14.3
共同仕入	21.8	18.9	16.2	19.0	13.5	29.1	33.3
共同販売	24.9	22.9	19.6	22.6	19.9	28.2	28.6
共同生産	22.6	13.8	15.0	16.5	21.1	8.7	2.9
共同物流	9.2	14.0	13.1	12.5	9.4	22.8	11.4
共同受注	16.9	13.1	10.0	13.3	15.2	9.7	8.6
共同広告宣伝	18.4	15.4	9.2	14.5	10.2	16.0	39.0
共同情報化	17.6	16.7	12.7	15.9	12.9	23.3	20.0
その他	2.7	3.1	1.9	2.7	2.6	2.9	2.9

(出典)『中小企業白書 2003 年版』p.195、第 2-4-15 図より作成

活動となっていたが、卸売業ではこれに加え共同物流、共同情報化が、小売業では共同広告宣伝が主な活動に入るなど、いずれも各業種の中核機能を含めて事業連携活動が行われていたことがわかる。

(2) 組織化目的

　共同体の組織化の目的としては、23,000 を越える会員数を持つ事業協同組合で示された事業項目が目的の分類としても使用することができる（会員数は中小企業団体中央会の会員数、平成 22 年 3 月 31 日現在）[8]。すなわち経営資源の制約を克服するための方法としての共同生産・加工事業、共同購買事業、共同販売事業、共同受注事業、共同検査事業、市場開拓・販売促進事業、研究開発事業、情報提供事業、人材養成事業、金融事業、債務保証事業、共同労務管理事業、福利厚生事業、そして「経営環境の変化に対応する新たな事業」である。「経営環境の変化に対応する新たな事業」には、「地球温暖化、廃棄物、フロン等の地球環境問題への対応事業、都市の過密化に対応するための集団化事業、デザイン・商品の研究開発、情報化社会への対応としてインターネットによる共同販売や IT を利用した管理システムの開発、地域ブランドづくり等の

共同事業」(全国中小企業団体中央会)などがある。

　そして企業間の事業連携活動の組織化目的は基本的にこの範囲内で捉えることができる。具体的な連携目的をみると、「自社で不足する知識やノウハウ等の補完(知識ノウハウ)」と「コスト削減」という直接的な目的が中心となっており、「各社の経営資源の結びつきによる相乗効果(経営資源)」、「競争相手や取引先に対する地位の強化(地位の強化)」を大きく上回っている(図表8-5)。

　取り組み内容の8項目のうち、共同仕入、共同物流においてのみ「コスト削減」が中心目的になっており、共同開発、共同情報化、共同受注、共同生産、共同販売、共同広告宣伝においては「知識ノウハウ」が中心となっている。明確に連携の目的が示されているものは共同開発における「知識ノウハウ」と共同物流、共同仕入における「コスト削減」である。1965年に共同事業が開始された当時は、コスト削減が目的とされ、共同仕入などが中心で共同生産、共同開発が少なかったのに対し、共同開発などにおいて知識やノウハウの共同化が求められるなど規模の経済よりも範囲の経済が連携目的になるなど、その内容は変化している。一方、共同販売、共同受注では、コスト削減とそれをもた

図表8-5　取り組み内容別連携目的

(単位:％)

取組内容・ 連携目的	コスト削減	リスク削減	時間の節約	知識 ノウハウ	経営資源	地位の強化
共同開発	24.1	14.7	10.6	61.5	27.6	26.5
共同仕入	55.3	21.4	7.8	36.9	11.7	32.0
共同販売	24.3	17.4	12.2	37.4	33.9	33.0
共同生産	39.3	25.0	15.5	41.7	19.0	21.4
共同物流	69.1	12.7	27.3	20.0	27.3	21.8
共同受注	25.9	25.9	15.5	43.1	29.3	32.8
共同広告宣伝	30.9	3.6	3.6	32.7	21.8	18.2
共同情報化	42.4	18.2	15.2	60.6	33.3	37.9

(出典)『中小企業白書2003年版』p.195、第2-4-16図より作成

らす地位の強化、経営資源など規模の経済が求められている(『中小企業白書2003年版』p.195、第2-4-16図)。これは規模が比較的大きな中堅企業では単独で規模の経済性が実現されるのに対し、小規模では規模の経済性が求められるなど規模の違いが関係している(図表8-5)。そして現在では、「経営環境の変化に対応する新たな事業」としてまとめられている環境対応、デザイン・商品の研究開発、情報化対応などが前面に出ている。

3. 企業連携組織化プロセス

　企業連携の組織化プロセスは、技術と市場開発研究会(MATE)の理念「知りあい・使いあい・創りあう」に適切に表現されている。すなわち「人的な交流を通して知りあい、情報を交換・交流して信頼の輪を拡げる段階(知り合い段階)」、「その信頼関係を基盤にした技術の相互利用(使い合う段階)」、そして「新製品共同開発(創り合う)、新しい発想、新しい戦略を創り合うという成果に繋がる」の3段階プロセスである(同上20年史)。
　また融合化法は組織化プロセスについて、第1段階：交流段階、第2段階：開発段階、第3段階：事業化段階、第4段階：市場展開段階という4段階(当初は3段階)のプロセスを想定していた。交流段階とは、異業種交流会などに参加し、新規事業の共通開発テーマを抽出する段階であり、開発段階とはその共同開発テーマを具体化していく段階、事業化段階は具体的な事業として組織化する段階であり、市場展開段階は新製品などを販売していく段階である。開発・事業化段階に対しては融合化法の知識融合開発事業資金が提供された他、租税特別処置法によって特別償却などができた。
　企業はゴーイングコンサーン(going concern)を前提に、業容の成長・発展を目指して組織を取り巻くさまざまな環境とコミュニケーションを行っている。このコミュニケーションの相手は同業者、異業種、地域内、広域、国内、国外、大学、国、県や市などまさしく自社を取り巻く環境そのものであるが、コミュニケーションの相手は、状況や場所などによって異なり、そして多重に

重なり合っている。異業種交流や新連携にしても、同業者との活動や連携とまったく別に存在しているのではなく、あくまで組織の対境の一つとして存在している（山城［1982］p. 121）。

それゆえ融合化法や連携の中で示されたプロセス連携の視点だけでなく、企業経営の視点から連携プロセスを見直すことによって、組織化、連携のあり方が明確になる。ここでは連携のプロセスの各段階を企業経営の視点からみる。

(1) 第1段階：交流・情報段階

企業は、自社の存在する市場環境を特定して適応するのと同時に、環境に働きかけて、環境自体を自己に適応させようとする主体性を持つ。ここでいう主体性は自らが進むべき目標と方向性を明確に示すこと（目的論的性格）に支えられている（加藤［1997］pp. 42-45）。

すなわち企業がゴーイングコンサーンであるためには適応すべき市場環境の情報を得るのと同時に、企業の目的を追い続けるための漸進的な上向運動のための情報を同時に獲得していくことが不可欠である。

このことから交流・情報段階は、自社を取り巻くステークホルダー（stakeholder）のすべてを対象とするだけでなく、自社を中心に環境を対境化する必要がある（山城［1982］p. 121）[9]。

確固たる業際が存在する場合には同業者の交流や業務環境内での交流、系列内での交流で充分であったが、業際が破壊、融解される業際化の状況では、商品開発から販売までの競争環境において変化が求められ、状況によっては業種・業態転換、多角化までを意識せざるを得ない状況が現出する。このように交流・情報段階においては、自社の業務環境からその対象を外側に拡大していく対境関係の拡大が交流・情報段階である。図表8-6で示した通り異業種は業務環境から同心円的に周辺部に存在するだけでなく、一部は業際をまたがって存在する（点線）。そして業際が不明確になると、そこに新たな業務環境が現出し、新たな対境関係が形成される。しかも企業は市場環境に適応しなければ生存できないという環境依存性を持っているため、交流・情報はすべての基

第8章　スモールビジネスの企業間組織

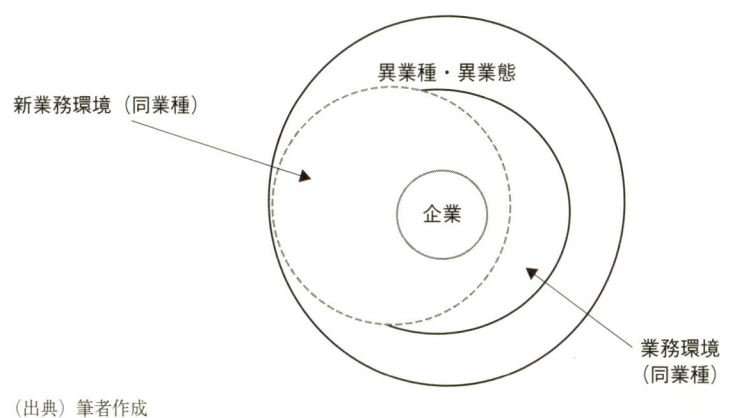

図表 8-6　業務環境の変化と対境関係化

新業務環境（同業種）
異業種・異業態
企業
業務環境（同業種）

（出典）筆者作成

盤として存在する。さらにこの交流・情報の基盤が業種ではなく地域である場合には、「一般的あるいは直接経営に役立つような情報交換が行われるほか、勉強会や研究会を通じてそれぞれ地域における危機意識や問題意識が醸成される」（池田潔［2006］p.9）こととなる。

　この交流・情報の基盤の上に、ひとたび経営計画と実績との乖離（実績の悪化）、将来の業務環境の変化が意識されると、ここで交流・情報活動は新製品開発、新技術、新事業情報の必要性など具体的な目的・目標を与えられる。自社の経営資源で事業機会の開発が可能な場合は、単独開発が選択され、その経過が良好な場合には交流・情報の段階は特定の情報の探索に限定される（図表8-7）。

(2) 第2段階：開発連携段階

　しかし製品開発や事業開発において資金不足、情報・ノウハウ不足、開発時間制約、リスク制約など何らかの障害が発生すると、その障害を除去するための方法が模索され、交流・情報機能は連携先の探索を含めた経営資源を補完する外部資源の探索をはじめ、新たな段階に入る。

　すなわちそのタスク（製品開発、事業開発）が新たな資源を必要とし、それ

図表8-7 スモールビジネスの連携プロセス

第1段階 交流・情報段階

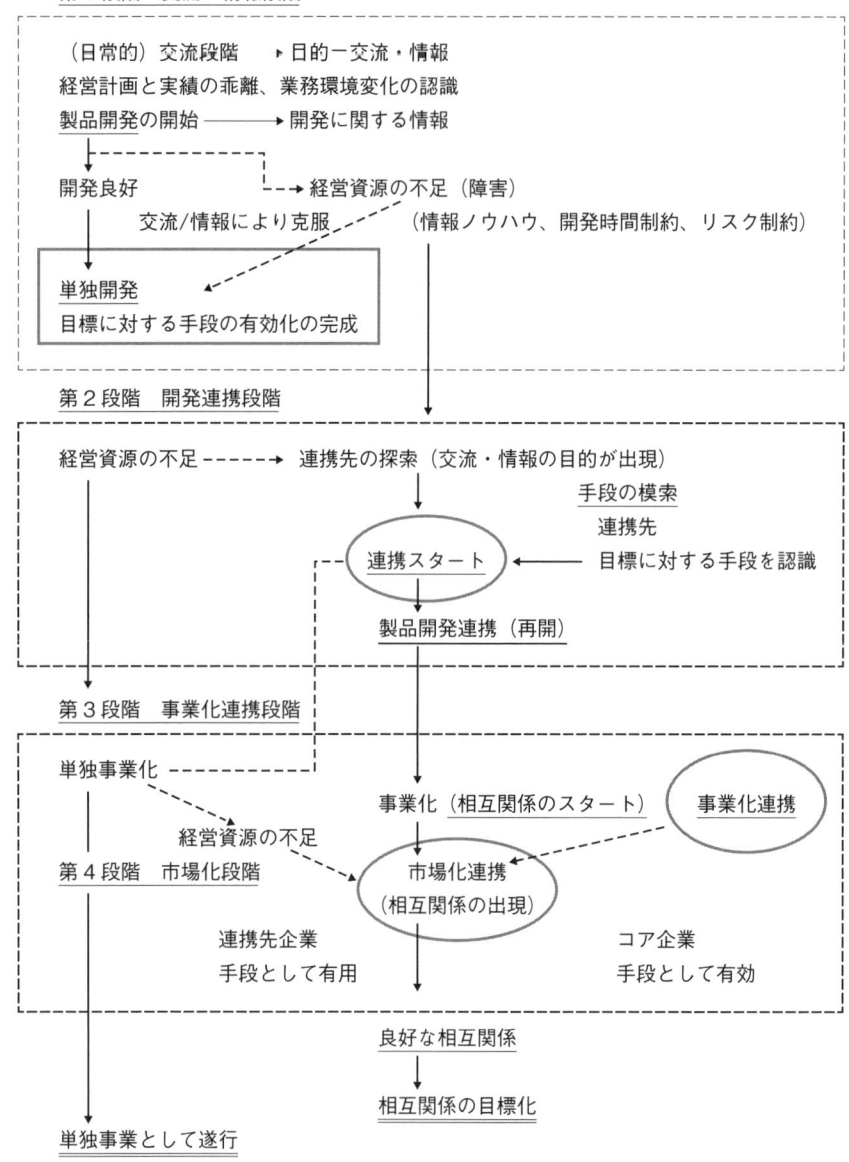

```
(日常的)交流段階    ▶ 日的ー交流・情報
経営計画と実績の乖離、業務環境変化の認識
製品開発の開始 ──────▶ 開発に関する情報
     │
     ▼          ┄┄▶ 経営資源の不足(障害)
  開発良好
         交流/情報により克服 ┄┄     (情報ノウハウ、開発時間制約、リスク制約)

  ┌──────────────┐
  │ 単独開発         │
  │ 目標に対する手段の有効化の完成 │
  └──────────────┘
```

第2段階 開発連携段階

```
経営資源の不足 ┄┄┄┄▶ 連携先の探索(交流・情報の目的が出現)
                          手段の模索
                          連携先
              連携スタート ◀────  目標に対する手段を認識
                 │
                 ▼
              製品開発連携(再開)
```

第3段階 事業化連携段階

```
単独事業化 ┄┄┄┄┄┄┐
                        事業化(相互関係のスタート)    事業化連携
       経営資源の不足
第4段階 市場化段階         市場化連携
                         (相互関係の出現)
              連携先企業                   コア企業
              手段として有用                手段として有効
```

良好な相互関係

相互関係の目標化

単独事業として遂行

(出典)筆者作成

を獲得する手段の一つが企業間連携の場合に連携が模索され交流は第2段階となる。連携先も同様に独自の目標を持ち、連携先がその目標を達成するためにその連携が有効である場合、連携を企業の目的・目標の達成「手段」として認識する。ここに連携がスタートして製品開発・事業開発は開発連携段階に入る。この開発連携段階では、単独開発が困難であった場合にも、この第2段階へ進む。

(3) 第3段階：事業化連携段階

開発連携が成功した場合には、企業はまず単独事業化を試みるが、単独事業化に対して経営資源の不足や障害が発生した場合、事業化においても連携を継続した方が、単独で進めるよりも有効と判断された場合には、事業化連携へと進み、相互関係がスタートする。ここでいう相互関係とは、企業間の相互依存関係であり「企業はそれぞれ独自に企業の目的の達成に向かって決定し、行動しているが、企業Aの意識的な行動が企業Bの目的達成を、Aの行動がない場合よりも、より望ましいものにし、同時にBの意識的行動がAの目的達成をより望ましいものにする場合に、企業Aと企業Bが相互依存関係にあるとする。相互依存関係を意識することによって当該企業間に協調関係の基盤があることが自覚される。そして相互依存関係を定着させ、継続させるために企業間組織が生じる」(鈴木 [1990] p.403) こととなる。

(4) 第4段階：市場化連携段階

単独市場化の遂行において経営資源の不足などの障害が発生した場合、もしくは連携の枠組みの中で市場化する有効性が存在すると判断された場合には、市場化段階で連携が行われ、相互関係が現実化し、先に述べた相互関係の目的が成立する。

そして市場化段階の相互関係の単位としては、個別企業を中心とするのではなく、連携企業内でグループを形成し、受注の内容によってその都度相互関係を形成するネットワークを組織化することがある[10]。この場合にはネット

ワークを媒介として個別企業 A がネットワークに参加した場合に、ネットワークに参加しない場合よりもより好ましい状況を形成する場合にネットワークが連携組織として認識され、相互依存関係はネットワーク化された構成員にまで拡大する。この相互依存関係が継続されると、課題解決のために組みこまれた仕組みがビジネスモデルとして洗練化されていく（池田潔［2006］p. 10）。

4. スモールビジネスの組織化と連携組織

　組織とは「二人以上の人々の、意識的に調整された活動や諸力の体系（Barnard［1938］邦訳 p. 76）」である。そしてここでいう（協働）体系とは「少なくとも一つの明確な目的のために、2 人以上の人々が協働することによって、特殊な体系的関係にある物的、生物的、個人的、社会的構成要素の複合体」（同上、邦訳 p. 67）とされる。すなわち組織の前提には目的、もしくは組織が達成すべき目標が存在する。

　一方、ウェイク（Weick）は「人びとは合意に達したある目的を達成せんがために組織するというありきたりの主張は、共同行動一致のなかにみられる秩序正しさを説明するのに本質的なものではないし、また組織における明白な目標支配的行動もその説明にならない（Weick［1969］邦訳 p. 72）」とした上で「いかなる集団にも多様な目標が常に存在すること、及び、これらの目標が基本的には相容れないものである（Weick［1969］邦訳 p. 73）」ことを示唆している。すなわち「組織（集団）は共通目標のもとに形成されるという従来の説の代わりに、集団は共通手段をもとに形成される（Weick［1979］邦訳 p. 118）」、すなわち集団は組織化の過程において、「共通目標ではなく、共通手段において収斂する（Weick［1979］邦訳 p. 118）」のであり、「集合的に構造化された行動という共通の手段を通して、多様な目標を追求する（Weick［1979］邦訳 p. 119）」。その上で「メンバーが多様な目的を達成するための手段として相互連結行動に収斂すると、多様な目的から共通の目的への微妙なシフトが生じる。つまり、メンバーの目的はそれぞれ依然として違うが、共有さ

第8章　スモールビジネスの企業間組織

れた目的が次第に支配的になる（Weick［1979］邦訳 pp. 119-120)」としている。

　スモールビジネスの企業間組織については明確な目的をもって形成される組織と組織を手段として認識し、その手段が有効に機能した場合にはじめて共通目的が形成されるものとがある。

　製造工程によって分業開発する分業連携、特定の製品開発のための研究開発連携、モジュール発注に対抗する生産連携などのプロジェクト組織の多くは明確な目的のもと形成される例である[11]。一方、異業種交流などの組織はその多くが構成員のそれぞれの目的に向けた「手段」として活用され、相互関係、相互目的が認識された場合にだけ連携（組織化）が成功し、そうでない場合には、補助金などの支給期間が終るとともに解消に向かうなど、組織化プロセスの段階に留まるものがある。このことから行政による補助制度は、先に示したプロセスの第4段階「事業化」を支える相互関係の目標化にたどり着くかどうかに組織化の有効性がかかっている。異業種交流グループでの問題点として、「活動がマンネリ化する」「各社の業況に格差がある（『中小企業白書1998年版』p. 354)」などの指摘や、行政の支援を受けた異業種グループの自立問題、行政によるコーディネーター問題などは異業種交流グループの存在そのものを目的とする政策的視点であり、異業種交流の本質とは無縁である。まして「異業種」とは何かを定義するのは補助金のための要件発想であり、このような視点はもとより不要である。既に述べたように相互依存関係が有用なもので、意識的・積極的に強化しようとするところに事実上の組織化が成立するのであり、異業種交流のマネジメントは、組織化の段階と組織として成立したものとを区別して考える必要がある。

　また寺本（1985、p. 38）は異業種交流をネットワーク組織として認識し、相互交換型と共同活動型という2つのネットワーク・タイプの特性を示している。この類型において、組織の公式性（目標意識と手続き、規則）とプロセス次元における相互作用の強度、互換性から共同活動型を相互交換型の発展形態と位置づけ、このプロセスにおいて多様性が失われる懸念を示している。しか

しこの多様性を追求することと目的を達成することは、方法・目的プロセスの論理で見る場合には結果的に組織的連結を困難にする。すなわち「目的ではなく手段が一致すれば組織は形成される。組織は多様な目的を追求する人々の間で形成され、人々はそれぞれの目的を追求する手段として協調的に相互に依存しあい、行為を連結する（寺澤［2011］p.188)」のである。

それゆえ先の第4段階の市場化段階において良好な相互関係が継続されると相互関係そのものが目的化することを許され、連携体の新たな目的が現出する。そして組織において連携活動の占める割合（組織活動依存度）が高ければ高いほど組織への関与は高まり、連携への関与の強さの高低の一致度合いが、企業間組織が一つの単位として行動する主体になるかどうかを決定することになる（岡室［2003]）。

しかしながら、この方法―目標のプロセスの中に「補助金の活用」という目的が加わると、連携は補助金獲得の手段となり、連携ははじめから相互関係の目標に向かう組織間組織の単位としての性格は失われる。それゆえ補助金支給が終了した段階で企業間組織の手段としての意味は消失する。池田潔（2006、p.5）は、融合化法とともに作られたグループのほとんどが現在活動を休止しているか、解散していることについて「融合化法にもとづいて設立された組合が行う開発案件に対しては、全額補助の補助金が支給されたが、補助金の支給が終了したり、融合化法が期限切れになるとともに、グループの活動も低迷したものと考えられる」としている。この意味では、新連携の補助金が事業化・市場化補助金として位置づけられたことは極めて適切なものであった。

5. 新連携による支援の課題と方向性

ここでは組織間関係に関する支援施策の有効性の検証として新連携（小企業新事業活動促進法による異分野連携新事業分野開拓）、特にサービス業の新連携を取り上げる。新連携は企業間組織政策としての側面と業種・業態転換、新分野進出、新業態開発という経営革新の側面を持つ複合的な施策であり、中小

第8章　スモールビジネスの企業間組織

企業経営と政策の両面から企業間組織のあり方を考察する対象として適切な施策である。またサービス業を取り上げたのは、「少子高齢化などの社会構造の変化や健康志向の高まりなどの消費者意識の多様化を背景として経済のソフト化が進展し、サービス分野への社会的ニーズが高まる中、サービス分野における活用が促進されることは、新連携支援制度が今後より大きな成果を収める上での課題」（中小企業基盤整備機構［2009］）として、サービス分野での連携が促進される一方、組織化の課題が凝縮されていると考えたからである。

(1) 新連携・農商工連携制度の概要

中小企業基本法の理念が1999（平成11）年12月に「企業間における生産性等の諸格差の是正」から「独立した中小企業の多様で活力ある成長発展」に転換し、中小企業に対する認識も問題型から「中小企業の柔軟性や創造性、機動性に着目し、中小企業こそが我が国経済の発展と活力の源泉」と貢献型・苗床型に変更され、支援策も前向きな事業活動への支援としての経営革新、創業、創造的事業活動に変更された（第1章参照のこと）。これらは具体的には経営革新法、創造法、新事業創出促進法からなる中小企業支援三法によって進められた。

経営革新法（中小企業経営革新法、1999年7月）は1963年の近促法（中小企業近代化促進法）[12]が改訂されたものであり、経営革新計画を作成し、計画が認定されると補助金や低利融資等の支援が受けられるものである。創造法（中小企業の創造的事業活動の促進に関する臨時措置法、1995年4月）は1985年の中小企業技術開発促進臨時措置法と1988年の融合化法からの改訂であり、新規性を有する技術に関する研究開発型企業（いわゆるベンチャー企業）などの研究開発支援、創業支援、そして新事業創出促進法は創業企業の人材確保、金融支援に重点を置き、創業支援、新事業開拓、環境整備の3点から支援するものであった。創業支援の側面からは新事業創出促進法と創造法が、経営革新支援では3法ともが取り組む課題とするなど重複がみられたことから、これに新連携支援を加えて中小企業新事業活動促進法（中小企業の新たな事業活動の

促進に関する法律、平成 11 年法律第 18 号)へ整理統合された。この新たな事業活動の促進支援は、①創業支援(創業及び新たに設立された企業の事業活動の促進)、②経営革新支援、③新連携支援(異分野・連携新事業分野開拓の促進)、そして④中小企業の新たな事業活動を促進するための苗床としての基盤整備(経営基盤強化の支援、新技術を利用した事業活動の支援及び地域産業資源を活用して行う事業環境の整備)から構成されている(中小企業新促進法逐次解説)。

新連携(異分野連携・新事業分野開拓)とは、「事業の分野を異にする事業者が有機的に連携し、その経営資源(設備、技術、個人の有する知識及び技能その他の事業活動に活用される資源)を有効に組み合わせて、新事業活動を行うことにより、新たな事業分野の開拓を図ること(同法第 3 条第 7 項)」への支援策である。しかも新事業開拓とは「新事業活動によって、市場において事業を成立させることを指す『需要が相当程度開拓されること』が必要であり、具体的な販売活動が計画されているなど事業として成り立つ蓋然性が高く、その後も継続的に事業として成立することが求められる」と、経営革新法と同様に事業性が計画認定の前提となった。

新連携の組織は、①連携事業に参画する事業者等(半数以上は中小企業である必要がある)が一体的に活動するため、連携内でリーダーシップを発揮する事業連携の核となる中小企業(コア企業)を中心に、参加事業者間で規約を作成して役割分担をした上で責任体制を明確化し、3 年から 5 年の新連携計画を作成して、経済産業局に申請、認定を受け事業を実施するものである。

具体的な支援としては①政府系金融機関による優遇金利による融資、②高度化融資、③債務保証の別枠設定、限度額拡大などの信用保証の優遇制度、④新製品開発、マーケティング等についての事業化・市場化支援、⑤中小企業投資育成株式会社による資金調達支援、⑥特許審査料、特許料に関する優遇措置を受けることができる。

また同様の施策である農商工連携は、平成 20 年 7 月農林漁業者と商工業者が通常の商取引関係を越えて協力し、お互いの強みを活かして新商品・新サー

第8章　スモールビジネスの企業間組織

図表8-8　新連携・農商工連携の計画認定数の推移

		平成17年 2005	平成18年 2006	平成19年 2007	平成20年 2008	平成21年 2009	平成22年 2010	平成23年 2011	平成24年 2012	合計
新連携	北海道	11	11	10	10	7	3	4	2	58
	東北	11	16	10	8	8	1	1	1	56
	関東	37	33	38	38	19	14	12	15	206
	中部・北陸	21	25	29	29	25	9	10	12	160
	近畿	34	26	23	30	26	9	8	10	166
	中国	10	15	6	7	6	6	8	6	64
	四国	6	9	3	3	1	0	2	3	27
	九州	19	8	12	13	19	4	7	10	82
	沖縄	5	4	4	1	3	0	1	3	21
	合計	154	147	135	139	114	46	53	62	850
農商工連携・地域資源	北海道			29	70	50	14	15	14	192
	東北			26	54	64	25	17	18	204
	関東			57	134	129	44	45	41	450
	中部・北陸			46	117	103	68	62	50	446
	近畿			32	87	100	36	30	32	317
	中国			37	51	49	11	2	22	172
	四国			36	53	53	16	33	40	231
	九州			41	89	86	28	22	23	289
	沖縄			22	39	20	8	9	8	106
	合計	0	0	326	694	654	250	235	248	2407
合計	総合計	154	147	461	833	768	296	288	310	3257

（出典）J-Net21の認定事業計画検索のデータベースより筆者作成

ビスを開発し、生産等を行う、需要を開拓することを支援する農商工連携促進法によるものである。認定基準は新連携とほぼ同様であり、自社の強みとする経営資源を活用して、新商品・新サービスを開発することを目的に連携する計画を提出し、認定を受けることで、補助金（事業化・市場化支援事業）等の優遇措置が受けられる制度である。

また地域資源活用事業は、2007（平成19）年度から開始された連携事業で、各都道府県が指定する（1）地域の特産物として相当程度認識されている農林水産物又は鉱工業製品、（2）地域の特産物である鉱工業製品の生産に係る技術、（3）文化財、自然の風景地、温泉その他の地域の観光資源として相当程度認識されているものを地域資源とし、地域の中小企業者が共通して活用することができ、中小企業者が商品の開発・生産、役務の提供、需要の開拓等の事業を行う事業への支援である。

　通常補助金事業は、その対象範囲が限定されることから、事業開始から1から3年間でピークを迎え、その後順次減少するものが多い。一方新連携の場合は、農商工連携が加わったにもかかわらず堅調に推移してきたが、2009年に行政刷新会議の事業仕分けによって予算が大幅に減少したことを受けて補助事業数は一挙に半減した[13]（図表8-8）。一方、中小企業庁は新連携がサービス業分野でも可能性が広がるとして厳選事例集を作成するなど、日本経済のサービス経済化の中で新たな産業を構築するという視点からサービス業に新連携を加える重要性を強調した。

(2) 新連携におけるサービス業の状況と課題

　新連携におけるサービス業の比率は2005年度から2007年度までは増加傾向にあったが、2008年度に半減した。先のサービス業への新連携導入が強調されたことから2009年度以降は急回復し、2010年度には新連携の全体数が減少した結果、新連携の中でサービス業の比率が上昇した（図表8-9）。

　それぞれの会社の強み（優位性）を活かして連携する「ものづくりの連携」では、他社にはない強みの存在が明らかである場合が多いのに対し、サービス業の連携の場合には、連携先の専門業者は当然専門業者ゆえ強みを持っているが、それが連携組織としての行動なのか、通常の取引として行われているのかを判断しなければならない難しさがある。たしかに新連携の認定要件の中には、参加事業者間での規約により、役割分担、責任体制等が明確化していることとされているが、中核となる中小企業（コア企業）が明確になっているた

第8章　スモールビジネスの企業間組織

図表8-9　新連携における認可件数とサービス分野の構成比推移

年度（平成）	全体	サービス	サービス比率（％）
2005（17）	154	18	11.7
2006（18）	147	21	14.3
2007（19）	135	20	14.8
2008（20）	139	11	7.9
2009（21）	114	10	8.8
2010（22）	46	8	17.4
2011（23）	53	6	11.3
合計	788	94	11.9

（出典）J-Net21の認定事業計画検索のデータベースより筆者作成

め、役割分担、責任体制そしてリスク負担において、コア企業以外が大きな役割を負担することは考えられないことから、取引か連携かという問題が残るのである。実際に製品の共同開発時における責任分担・損益分配の状況を、「異業種交流グループの活動実態と今後の支援の方向性に関する調査研究」（日本アプライドリサーチ［2002］）でみると、「コア企業一社が負担する」、もしくは「果す役割に応じて負担」の両者合計は54％程度となり、コア企業を明確にすることは同時に他の連携先の責任とリスクを希薄にし、関与を下げていることがわかる（図表8-10）[14]。

2005年から2011年までに認定を受けたサービス業を対象に、連携先の異分野の連携意識を確認するため、認定された計画のすべてを連携先まで個別に「ホームページの会社案内などに新連携に参加している記述の有無」等を調査した結果では、コア企業の場合には92社中、自己破産、倒産、所在不明の8社を除く84社中60社、71％がトップページ、会社案内、沿革などに連携が認定された事業を行っていることを掲載していた。しかし残りの30社は新連携そのものに触れておらず、コア企業にも関与の状況が極めて薄いと思われる企業もあった（小嶌［2013］）。

一方連携先企業では、221社のうち、連携について何らかの形式で記載して

図表 8-10　開発責任別事業化による損益

(単位：%)

		事業化収益					
	開発責任	ある程度成果が得られた段階でその都度決める	開発責任の負担に応じて配分	参加企業で均一に配分	開発の中核企業1社が得る	その他
開発責任	コア企業が全責任、他メンバーが必要に応じて支援	28.9	26.5	26.5	9.5	35	2.5
	各企業が果たす役割に応じて負担	25.8	23.4	63.6	6.5	1.9	4.6
	参加企業が均一に負担	23.2	21.1	7.4	67.4	0	4.1
	開発がある程度進んだ段階でその都度決める	16.7	77.1	8.6	7.1	7.2	0

(出典) 日本アプライドリサーチ (2002) 図12 より作成

いるのはわずか12社、5.4%であり、連携先異業種の関与は明らかにコア企業とは異なっていた。また連携企業としてリンクを貼っていた会社は更に少なくわずか10社のみであった。このことからコア企業が自社の事業を中心に連携組織を構築する一方で、多くの連携において連携先企業の意識は低く留まっていることが確認された。さらに連携先を詳細に検討すると、サービス業の新連携では計画に示された特定された強みが業務内容から確認できないなど連携組織に関する問題もあった。

そして新連携の新事業活動は、①新商品の開発または生産、②新役務の開発または提供、③商品の新たな生産または販売方式の導入、④役務の新たな提供の方式の導入、その他の新たな事業活動を「新」と定めているが、その新しさ、「新規性」が実現されていないと思われる計画が少なからずあった[15]。

中小企業基盤機構 (2009, pp9-10) は「新規性をどう捉えるか。サービス業分野に関しては大きな課題である」、「オールドタイプのサービス業の取り組みを、従来からの改善とみるか、あるいは新たな改革と捉えるかによって新規

性は変わっている」とした上で、「市場が求めるサービスであれば、できるだけ柔軟に取り上げていきたい」としており、新事業活動とは何かという認定要件そのものがあいまいという課題を抱えていた。しかも柔軟に取り上げることによって、新連携として同じような事業がわずかな違いを持って複数現れているケースもある。成功したがゆえに群生的に出現したともいえるが、認定基準の「新しさ」はサービス業ゆえにビジネスの方法の特許（ビジネスモデル特許）と同様に極めてあいまいな部分が存在している。成功のための蓋然性と新製品開発という相矛盾した要件、連携のプロセスに対する意識的取り組みの欠如などが、結果的にこのような状況を生み出しているのである。

6. スモールビジネスの連携支援（まとめ）

　スモールビジネスにとって企業間連携は極めて重要な組織形態である。それゆえに多くの企業が活路を見いだすために積極的に取り組み、政策支援も積極的に行われてきた。

　本章で検討してきたように、連携はそのプロセスの各ステージにおいて態様が異なり、一般的な目的志向的組織として形成されるのは、連携組織が相互依存関係を持ち、継続可能になってからである。通常、組織化は明確な目的を達成するために行われるが、スモールビジネスの企業連携は、目的を所与とせず、それぞれの企業が手段として認識し、手段が相互依存関係、相互利益を生み出した後に、はじめて目的として機能すると考えられる。このことから連携は組織構築のための組織プロセス上の組織と考えるべきであり、スモールビジネスの連携支援は手段を目的に変えていく過程への支援である。

　この連携の支援については、このプロセスをまたがった支援は支援目的をあいまいにするため、連携の各段階に必要とされる支援を明確にした上で実施することが必要である。すなわち交流・情報段階を維持するための支援、交流・情報段階から開発段階へ進む支援、事業化支援、市場化支援である。連携政策の支援への評価は、いかに新しい事業を生み出す苗床を作ったのか、その中か

らどれだけの事業が開発に進んだのかなど明確に評価が可能で、その後の改善に繋がるものでなくてはならない。逆に現在の新連携、特にサービス業に対する支援は、「ゆるやかな」という表現のもの、どの部分がその「ゆるやかな」対象となっているか、曖昧で評価が難しい。公正で透明な仕組みのもと施策を実施するためには、ステージごとに支援目的を明確にし、その成果を検証すべきである。

　そして企業間組織、連携政策の重要性を考慮するならば、スモールビジネスを支援する組織、産業、人材を育てなくてはならない。そのための支援人材の育成は、国の機関やそれに準ずる機関ではなく、支援産業を育てることを意識して進むべきである。認可案件の審査の評価者が、計画から支援成果を評価するプロセスまで一貫して関わることは公正な評価と相いれない。支援が事業として成り立つ状況を作ることは結果として支援者の能力・スキルをあげることにも繋がる。サービス業の新連携の検証から見えてきたものは、リスクを負うことのない国・地方公共団体がその大半を行うことで、スモールビジネス支援ビジネスがクラウディングアウト（crowding out）していることである。支援者の目が支援を受ける側に全面的に向けられる状況を作ること、スモールビジネス支援者のプロフェッショナルの育成が急務である。

【注】

(1) 特に1963年にはGATTの11条国、64年のIMFの8条国への加盟が輸出入に関する環境変化を引き起こした。
(2) 当時の繊維業界の状況については、長山宗広（2001）に適切にまとめられている。
(3) キングストン合意（Kingston Agreement）は、1976年にジャマイカのキングストンで開催され、変動相場制の正式な承認、金の廃貨を決めたIMF暫定委員会の合意である。
(4) 事業転換法は、事業の半分を縮小し、転換先の事業が半分以上を占めるという極めて強い制約を課し、既存事業の縮小をともなわない多角化は認定除外とした。
(5) 異業種交流の他、地域視点を重視した「産学官交流」、製品開発を中心とした「技術交流」、交流する主体である人を中心に考えた「異人交流」などさまざまな視点がある（坂本他［1986］p.3）。
(6) 大阪科学技術センターは中堅・中小企業の技術振興対策として1964年に技術相談所を

第 8 章　スモールビジネスの企業間組織

開設して新製品開発をはじめとして幅広い相談・指導業務を行い、その後 1965 年に「産学実地研究会」制度を発足させた。1969 年に大阪府と大阪市から「中小企業における技術開発力強化」というテーマで委託調査を受け、その結果「中堅・中小企業がこれからの厳しい環境変化に対応して成長・発展していくためには、異種技術の導入・組み合わせが不可欠である。そのためには、異業種企業が一堂に会し、相互に環境の変化を予測し、経営ノウハウや技術交流を行う"場"をつくり、いわば経営資源の補完が行える仕組みをつくる必要がある」として異業種交流活動のきっかけを作った。昭和 45 年 10 月、全国で最初の「初めから異業種交流を意図し結成されたグループ」として「技術と市場開発（MATE）研究会」の前身である 2 つの研究会が発足した（『異業種交流 20 年―知りあい・使いあい・創り合う』）。

(7) ここでいう「異分野中小企業者の知識の融合による新分野の開拓」とは「異分野中小企業者が、協同してその生産、販売若しくは役務の提供の技術又は経営管理に関する知識その他の事業の分野に関する知識を組み合わせ、一体的に活用して、新たな製品若しくは役務の開発のための試験研究その他の研究開発、その成果の利用又は当該成果の利用のために必要な需要の開拓を行うことにより、新たな事業の分野を開拓すること（第二条第 3 項）」とされた。

(8) 中小企業の企業間組織はきわめて多岐にわたっている。企業間組織には法的な裏付けを持って組織化された事業協同組合（根拠法：中小企業等協同組合法）、商工会（根拠法：商工会法）、商店街振興組合（根拠法：商店街振興組合法）などから、契約によって組織化されるフランチャイズチェーン、大手製造業者などによって事実上組織化された下請系列、地域の中小企業が技術などを持ち寄る異業種交流会、企業が経営資源を補完するために組織化する連携などさまざまな組織（共同体）がある。企業間組織（共同体）の数は中小企業団体中央会に所属する団体数だけでも 35,000 を越えている（全国中小企業中央会会員数［平成 22 年 3 月 31 日現在］）。さらに異業種グループは約 2,500、参加企業数約 144,000 社（みずほ情報総研［2010］）あり、さらにフランチャイズチェーンは 1,233 チェーン、23 万 4,146 店舗（2010 年度 JFA フランチャイズチェーン統計調査報告）、商店街も 13,000 以上などとなっている。そしてそれらに向けて新連携、農商工連携、経営革新事業、高度化、共同施設事業、集団化事業、集積区域整備事業、施設集約化事業、伝統工芸品産業振興事業、ジャパンブランド育成支援事業など多数の施策・事業が実施されている。この中でも現在、行政が力をいれている事業が新連携、農商工連携などの異業種連携である。異業種交流グループの数は 1998 年の約 3,100 をピークに減少を続け、2008 年には 2,500 台まで減少している。しかし参加企業数をみると、逆に着実に増加し、その数は 145,000 社を超えている。これはグループ単位では淘汰や入れ替わりが進む一方、経営を改善するため、閉塞感を打破し新しい方向性を見いだすために連携を模索する中小企業経営者の増加を表している（中小企業基盤整備機構『異業種交流グループ情報調査報告書』［各年版］）。

(9) ここでいう対境化とは、環境を無条件に受け入れるのでは無く、環境に対して自らの経

営主体としての立場を主張し、自社と関わる対象とすること。
(10) 代表的なネットワークとしては「京都試作ネット」「ガマダス」「アドック神戸」などがある。
(11) 石油商業組合の設立当時の石油流通は、「独禁法の適用除外となる調整規定」の活用のために全国に商業組合が作られていった。その後、目的・目標は変化していくが、一貫して業界の共通利益が目的・目標として掲げられ組織は存続している（小嶌 [2003] pp. 100-101）。
(12) 中小企業近代化促進法（法律第64号、近促法）は適正規模化の中心施策。この法律によって指定業種に対する産業構造の高度化、国際競争力の強化などの支援策が行われた。具体的施策としては、資金面での支援として1963年から「中小企業近代化資金等助成法（昭31年法律第115号）」及び「中小企業高度化資金融通特別会計法（昭38年法律第72号）」に基づき、国の特別会計から都道府県を経由して、都道府県から組合に限定せず中小企業者に対して融資を行う方法で高度化（合理化と設備の近代化）が進められた。
(13) 事業仕分けは「公開の場において、外部の視点も入れながら、それぞれの事業ごとに要否等を議論し判定するものであり、透明性を確保しながら、予算を見直すことができる有効な方法」として実施された。行政刷新会議「事業仕分け」（事業番号2-58　中小企業経営支援（1）新事業活動促進支援補助金・市場志向型ハンズオン支援事業の中で「新事業活動促進支援のうち、「新連携」は廃止可能、それ以外の2事業は効率化可能、ハンズオン支援事業は誰を実際に支援しているのか、中小機構を支援しているのか」という意見があり、ワーキンググループの評価結果として、廃止　1名　自治体・民間　0名　予算計上見送り　1名、予算要求縮減　11名：a. 半額　3名　b. 1/3縮減　7名　c. その他1名）となり、予算要求の縮減（1/3）の結果となった。
(14) この取引化との区別の問題や実際のリスク分担状況は『企業間連携を成功に導くマネジメント』（中小企業金融公庫総合研究所）でも指摘されている。
(15) 第11条は「当該異分野連携新事業分野開拓に係る新商品若しくは新役務に対する需要が相当程度開拓され、又は当該異分野連携新事業分野開拓に係る商品の新たな生産若しくは販売の方式若しくは役務の新たな提供の方式の導入により当該商品若しくは役務に対する新たな需要が相当程度開拓されるものであること」としている。

参考文献

Babicky, J (1987) "Consulting to the family business", *Journal of Management Consulting*, 3 (4) pp. 25-32.

Barnard, C.I. (1938) *The Function of the Executive*, Harvard University Press. (山本安次郎・田杉競・飯野春樹訳『新訳　経営者の役割』ダイヤモンド社、1956 年)

Barnett, T., Franz and W. Kellermanns (2006) "Are We Family and Are We Treated as Family? Nonfamily Employees' Perceptions of Justice in the Family Firm," *ET&P*, Baylor University, November 2006.

Beerens, J., Boetzelaer, A., List, G., Mensing, P. And Veldhoen, S. (2004) *The Road Towards More Effective Product/Service Development* Booz, Allen& Hamilton.

Boer, F.P. (1999) *The Valuation of Technology*, Business and Financial Issues in R&D, John Wiley & Sons Inc. (宮正義監訳『技術価値評価』、日本経済新聞社、2004 年)

Boroian, D.D. and Boroian, P.J. (1987) *The Franchise Advantage*, Nick-Jen, Inc. (木原健一郎監修『フランチャイズ・アドバンテージ』ダイヤモンド社、1996 年)

Bruce, L. (1980) "A New Measure of Minimun Efficient Plant Size in UK Manufacturing Industry," *Economica* Vol. 47 (February) pp. 19-34.

Burns, P. (2001) *Entrepreneurship and Small Business*, Palgrave Macmillan Limited.

Bygrave, W.D. (1994) *The Potable MBA in Entrepreneurship*, John Wiley & Sons, Inc. (千本倖生訳『MBA 起業家育成』、学習研究社、1996 年)

Bygrave, W. and A. Zacharakis [2008] *Entrepreneurship*, John Wiley & Sons Inc. (高橋徳行・田代泰久・鈴木正明訳『アントレプレナーシップ』日経 BP 社、2009 年)

Chamberlin, E.H. (1933, 8th ed. 1962) *The Theory of Monopolistic Competition* (青山秀夫訳『独占的競争の理論』至誠堂、1966 年)

Chua, J.H., J.J. Chrisman and P. Sharma (1999) *Defining the Family Business by Behavior*, ET&P, Baylor University, Summer 1999.

Churchill, N.C. and Hatten, K.J. (1987) "Non-market based transfers of wealth and power. A research framework for family business", *American Journal of Small Business*, 11 (3), pp. 51-64

Cohen, W.M. and Klepper, S. (1992) "The Anatomy of Industry R&D Intensive Distributions", *American Economic Review* Vol. 49, pp. 773-99, American Economic Association.

Collins, J.C. and Porras, J.I. (1996) "Building your company's vision", *Harvard Business Review*, 54 (4), pp. 105-114.

Dicke, T.S. (1992) *Franchising In America : The Development of A Business Method, 1840-1980*, University of North Carolina Press. (河野昭三・小嶌正稔訳『フランチャイジング』まほろば書房、2002 年)。

Donnelley, R. (1964) 'The family business', *Harvard Business Review*, 42 (4), pp. 93-105.

Drucker, P.F. (1985) *Innovation and Entrepreneurship*. (上田惇生・佐々木実智男訳『イノベーションと企業家精神―実践と原理』ダイヤモンド社、1985 年)

Emmons, R.J. (1970) *The American Franchise Revolution : A New Management Thrust*, Burton House. (岸田典介訳『フランチャイズ革命』ビジネス社、1981 年)

EU (2009) *Overview of Family-Business-Relevant Issues : Research, Networks, Policy Measures and Existing Studies, Final Report of the Expert Group*, November 2009, European Commission.

Fenn, D. (2007) *Alpha Dogs : How Your Small Business Can Become a Leader of the Pack*, Harper Business. (宮本喜一訳『アルファドック・カンパニー』講談社)

Florence, P.S. (1933) *The Logic of Industrial Organization*. (一部翻訳、pp. 48-73、米田清貴・加藤誠一訳『スモール・ビジネスの残存条件』国民金融公庫調査部、翻訳資料 No 4、1964 年)

Galbraith, J.K. (1967) *New Industrial State,* Houghton Mifflin (都留重人・石川通達・鈴木哲太郎・宮崎勇訳『新しい産業国家』岩波書店、1968 年)

Gavron, R., Cowling, M., Holtham, G. and Westall, A. (1998) *The Entrepreneurial Society, Institute for Public Policy Research* (忽那憲治・髙田亮爾・前田啓一・篠原健一訳『起業家社会』同友館、2000 年)

Goldman, S. (2007) "The N-11 : More Than an Acronym", Global Economics Paper No : 153, March 28, 2007.

Greiner, L.E. (1972) "Evolution and Revolution as Organizations Grow", *Harverd Business Review*, July-Aug.

Handler, W.C. (1989) "Methodological issues and considerations in studying family businesses", *Family Business Review*、2 (3), pp. 257-276.

IFA (2000) "The Profile of Franchising : A statistical Abstract of UFOC" (*Uniform Franchise Offering Circulars) Data*, IFA Educational Foundation, Inc.

Justis, T. and Judd, R.D. (2002) *Franchising-Second Edition,* South Western College Publishing.

Kandybin, A. and Kihn, M. (2004) "Raising Your Return on Innovation Investment", *Strategy+Bisiness Mazgazine* issue 35, pp. 1-12, Booz, Allen & Hamilton.

Denise, K. and Ward, J.L. (2005) *Family Business, 1st edition* (秋葉洋子訳・富樫直記監訳『ファミリービジネス永続の戦略』ダイヤモンド社、2007 年)

KMU Forschung Austria (2008) "Overview of Family Business Relevant Issues", *Final Report,* Austrian Institute for SME Research in co-operation with Turun Kauppakorkeakoulu Turku School of Economics.

Kotler, P., K. and Keller, L. (2005) *Marketing Management*, 12th Edition, Prentice Hall. (恩藏直人監修、月谷真紀訳『コトラー＆ケラーのマーケティング・マネジメント (第 12

版)』ピアソン・エデュケーション、2008年)

Kotler, P. (1984) *Marketing Management : analysis, planning, and control, fifth edition*, Prentice-Hall.

Kotler, P. (2001) *Marketing Management : Millennium Edition*, Tenth Edition, Prentice-Hall. (恩蔵直人監修『コトラーのマーケティング・マネジメント ミレニアム版(第10版)』ピアソン・エデュケーション、2001年).

Kursh, H. (1968) *The Franchise Boom : New revised edition*, Prentice-Hall. (川崎進一監修『フランチャイズ・ビジネス』商業界、1970年)

Lambrecht, J. (2005) "Multigenerational Transition in Family Businesses : A New Explanatory Model", *Family Business Review* 18, pp. 267-282.

Lebhar, G.M. (1963) *Chain Stores in America 1850-1962*, Chain Store Publishing Co. (倉本初夫訳『チェーンストアー米国百年史―』商業界、1969年)。

Lippitt, G.L. and Schmidt, W.H. (1967) "Crises in a developing organisation", *Harvard Business Review* Vol. 45 (6), pp. 102-112.

Longenecker, J.G., Palich, L.E., Moore, C.W., and Petty, J.W. (1997) *Small Business Management", 10th Edition*, South-Western College Publishing.

Longenecker, J.G., Petty, J.W., Palich, L.E., and Moore, C.W. (2010) *Small Business Management 15e.*, South-Western Cengage Learning.

Lyons, B (1980) "A New Measure of Minimun Efficient Plant Size in UK Manufacturing Industry," *Economica* Vol. 47 (February) pp. 19-34.

Maison, R.S. (1996) *The Economics of Conspicuous Consumption : Theory and Thought Since 1700*、Edward Elgar Pub (鈴木信雄・高哲男・橋本努訳『顕示的消費の経済学』名古屋大学出版会、2000年).

Mancuso, J.R. and Boroian, D.D. (1993) *How to Buy and Manage a Franchise*, Simon & Schuster, Inc (木原健一郎監修、鈴木武生訳『実践フランチャイズ・ビジネス』ダイヤモンド社、1998年)

Marshall, A. (1997) *Principles of Economics*, Overstone Press (馬場啓之助訳『マーシャル経済学原理Ⅰ～Ⅳ』東洋経済新報社、1966年)

Mazzarol, T. and Rebound, S. (2009) *The Strategy of Small Firms*, Edward Edgar.

McCabe, H.M. (2012) "Simple Enough? Implementing a Smooth Client Relation to Reduce Friction", *PRACTITIONER*, volume8, Issue7, June, 2012.

Moore, G.A. (1995) *Crossing the Chasm : Marketing and Selling High-Tech Products to Mainstream Customers*, Harperbusiness. (川又政治訳『キャズム』翔泳社、2002年)

Penrose, E. (1995) *The Theory of the Growth of the Firm, The third ed.* (日髙千景訳『企業成長の理論【第3版】』ダイヤモンド、2010年)

Prusa, T.J. and James, A.S. Jr. (1991) "Are new firms an important source of innovation? : Evidence from the PC software industry", *Economic Letters* 35, pp. 339-342.

Reynolds, P.D., Richard, T. Curtain（2008）"Business Creation in the United States : Entry, Startup Activitiies, and the Launch of New Venture", *The small Business economy, A report to the President 2008*, pp. 148-240. Goverment Printing Office.（(財) 中小企業総合研究機構訳編『アメリカ中小企業白書 2008・2009』同友館）。

Robinson, J.（1933）*The Economics of Imperfect Competition*.（加藤泰男訳『不完全競争の経済学』文雅堂銀行研究社、1956 年）

Robinson, E.A.G.（1931）*The Structure of Competitive Industry*, Nisbet and Cambridge University Press.（黒松厳訳『産業の規模と能率』有斐閣、1958 年）

Schumache, E.F.（1973）*Small is Beautiful, a study of Economics as if people Mattered*.（小島慶三・酒井懋訳『スモール イズ ビューティフル』講談社、1986 年）

Schumpeter, J.A. *Theorie der wirtschaftlichen Entwicklung*, 2. Aufl.（塩野谷祐一・中山伊知郎・東畑精一訳『経済発展の理論—企業者利潤・資本・信用・利子および景気の回転に関する一研究』岩波書店、1993 年）

Stern, M.H.（1986）*Inside the Family-Held Business : A Practical Guide for Entrepreneurs and Their Advisors*, Harcourt Brace Jovanovich.

Storey, D.J.（1994）*Understanding the Small Business Sector*, homson Learning（忽那憲治・安田武彦訳『アントレプレナーシップ入門』有斐閣、2004 年）

Tagiuri, R. and J.A. Davis（1992）"On the Goals of Successful Family Companies," *Family Business Review*, 1992, May, pp. 43-62.

Timmons, J.A and Spinelli, S.（2003）*New Venture Creation, Entrepreneurship for the 21stC enture*, McGraw-Hill Irwin.

Timmons, J.A（1994）*New Venture Creation*.（千本倖生・金井信次訳『ベンチャー創造の理論と戦略』ダイヤモンド社、1997 年、p. 42、図表 1-9）

The U.S. Small Business Administration（1995）*The Annual Report on Small Business and Competition*（(財) 中小企業総合研究機構訳編『アメリカ中小企業白書』同友館。

Weick, K.E.（1969）*The Social Psychology of Organizing*, Addison-Wesley Publishing Co.（金児暁嗣訳『組織化の心理学』誠信書房、1980 年）

Weick, K.E.（1979）*The Social Psychology of Organizing Second edition*, McGraw-Hill Company, Inc.（遠田雄志訳『組織化の社会心理学』文眞堂、1997 年）.

Whitehead, A.N.（1929）*The Function of Reason,* Princeton University Press, 1929（藤井芳実・市井三郎訳『理性の機能・象徴作用』松籟社、1981 年）

Winter, S.G. and Szulanski, G.（2001）"Replication as Strategy", Organization Science, Vol. 12, No. 6（Nov. -Dec., 2001）, pp. 730-743.

青島矢一（2001）「第 6 章　新製品開発のマネジメント」一橋イノベーション研究センター『イノベーションマネジメント入門』日本経済新聞社、pp. 151-187

赤澤洋平（2007）『中小企業はこう生き残れ！！　ロボットおやじの"ものづくり魂"』出版文化社。

参考文献

新糀育夫（1997）「中小企業の技術をめぐる諸問題」関満博・新糀育夫編『21世紀型中小企業の経営戦略』新評論。
池田潔（2006）「中小企業ネットワークの進化と課題」『新連携時代の中小企業』同友館。
池田光男（1995）「中小企業とは何か」内藤英憲・池田光男［1995］『現代の中小企業』中小企業リサーチセンター、pp. 2-13.
石井淳蔵［1996］『商人家族と市場社会―もうひとつの消費社会論』有斐閣。
伊丹敬之（2007a）『経営を見る眼』東洋経済新報社。
伊丹敬之（2007b）『よき経営者の姿』日本経済新聞社。
入江信一郎（2005）「MOTの構図」『日本型MOT』中央経済社、pp. 1-36。
大楠眞司（1996）「無店舗販売・フランチャイズ契約」矢部丈太郎・山田昭雄・上杉秋則監修『流通問題と独占禁止法（1996年版）』国際商業出版。
大久保利謙（1981）『西周全集』（第4巻）宗高書房。
太田一樹（2008）『ベンチャー・中小企業の市場創造戦略』ミネルヴァ書房。
岡田浩一（1990）「大工業による中小工業支配機能の形成」『経営論集』（明治大学）第三七巻2号、pp. 175-187.
大阪科学技術センター・技術と市場開発研究会編（1990）『異業種交流20年：知りあい・使いあい・創りあう』。
大見忠弘（2004）「事業化されない論文はただの紙切れだ」『MOTの神髄』日経BP社、日経bizteck0001、pp. 56-61.
小川英次（序）・岩田憲明・山田基成編著（2011）『中小企業のマネジメント』中央経済社。
小川正博（2006）「第2章 企業の創業と進化」渡辺幸男・小川正博・黒瀬直宏・向山雅夫『21世紀中小企業論（新版）』有斐閣、pp. 27-58.
岡本史紀（2004）『MOTイノベーション―進化する経営―』森北出版。
岡室博之（2003）「中小企業の共同事業の成功要因：組織・契約構造の影響に関する分析」『商工金融』53（1）、pp. 21-31.
小椋康宏（2008）「マネジメント・プロフェッショナルの理念と育成」『経営教育研究』Vol. 11 No. 1, pp. 1-13.
小山稔（2004）「理念が奇跡を生んだ」『MOTの神髄』日経BP社、日経biztech001、pp. 40-41.
角田康夫（2007）「個人のライフサイクルと資産配分」『視点』2007年5月、三菱UFJ銀行。
加藤勝康（1997）「経営発展の意義とその基礎過程」山本安次郎・加藤勝康著編（1997）『経営発展論』文眞堂、pp. 42-64.
川上義明（2006）『現代中小企業経営論』税務経理協会。
川上義明（2009）「企業生成・発展の変動要因としての企業家（Ⅵ）―ドラッカーの所説の検討（2）：スモール・ビジネスと企業家―」『福岡大学商学論叢』54/1, pp. 1-28.
川上義明（2010）「企業生成・発展の変動要因としての企業家（Ⅶ）―企業家、企業家精神、イノベーター―」『福岡大学商学論叢』54/2・3・4, pp. 153-189.

川越憲治編（1984）『販売店契約ハンドブック―代理店・特約店・フランチャイズシステム―』ビジネス社。
川越憲治（1988）『継続的取引契約の終了』商事法務研究会。
川越憲治（2000）『(新版) フランチャイズ・システムの判例分析』商事法務研究会。
川越憲治（2001）『フランチャイズシステムの法理論』商事法務研究会。
菊澤菊太郎（1957）「スモール・ビジネスに関する一研究―A. マーシャルのスモール・ビジネス論」名古屋大学『経済科学』第5巻1号、1957年3月。
木村元紀（2005）『中小企業ですがモノづくりでは世界でトップです』洋泉社。
清成忠男（1997）『中小企業読本（第3版）』、東洋経済新報社。
清成忠男（1996）『ベンチャー・中小企業 優位の時代』東洋経済新報社。
清成忠男（1985）『中小企業』日本経済新聞社。
黒川孝雄（2001）「セーフティネット議論の対象になる信頼されるFCに」『成功するフランチャイズ』No.6、pp.171-174、柴田書店。
黒瀬直宏（2012）『複眼的中小企業論』同友館。
経済産業省産業技術管理局技術調査室（2003）『我が国の産業技術に関する研究開発動向―主要指標と調査データ第四版』。
河野昭三・村山貴俊（1997）『神話のマネジメント』まほろば書房。
国民金融公庫総合調査研究所（2004）「新規開業企業を対象とするパネル調査」（平成16年11月1日）、国民金融公庫総合調査研究所。
国民生活金融公庫総合調査研究所（2007）「新規開業企業を対象とするパネル調査」（平成19年11月1日）、国民金融公庫総合調査研究所。
国民生活金融公庫総合研究所（2008）『小企業の事業承継問題』中小企業リサーチセンター。
研究産業協会（13年～16年版）『我が国の産業技術開発に関する実態調査 調査報告書』（社）研究産業協会（但し13年度は「技術開発に関するアンケート調査」、16年度は「産業技術開発に関する実態調査」と調査名は異なる）。
小嶌正稔（2012a）「中小企業の経営力の創成」『経営力創成研究』第8号、東洋大学経営力創成研究センター、pp.59-70.
小嶌正稔（2012b）「起業家概念の変質と起業家社会の構築」『経営者と管理者の研究』東洋大学経営力創成研究センター編、第5章、pp.101-125、平成24（2012）年2月。
小嶌正稔（2003）『石油流通システム』文眞堂。
小嶌正稔（2006）「わが国におけるフランチャイジングの生成」『経営論集』東洋大学経営学部第67号、pp.133-149、平成18年（2006）3月。
小嶌正稔（2005）「フランチャイジングにおける組織間関係」『経営論集』東洋大学経営学部第66号、pp.63-78、平成17年（2005）11月。
小嶌正稔（1997）「戦略的マーケティング」山本安次郎・加藤勝康著編『経営発展論』文眞堂、pp.168-184.
小嶌正稔（1997）「戦略的マーケティング」山本安次郎・加藤勝康著編（1997）『経営発展

論』文眞堂、pp. 168-184。
小嶌正稔（1990）「多品種化の小売業に与える影響—消費者のリスクリダクション行動から—」『産能短期大学紀要』第 23 号、産能短期大学、pp. 49-71.
小宮山琢二（1941）『日本中小企業研究』、中央公論社。
小本恵照（2005）「フランチャイズ・ビジネスの存続状況とその決定要因」、『ニッセイ基礎研究所所報』35 号、2005 年 1 月、pp. 47-75。
サービス・フランチャイズ研究会（2003）『サービス業フランチャイズの環境整備の在り方について』平成 15 年 7 月、経済産業省。
斎藤毅憲（2006）『スモール・ビジネスの経営を考える―起業主体の観点から―』文眞堂。
榊原清則・前田昇・小倉都（2002）「第Ⅷ章ベンチャー企業の育成と経営管理」野中郁次郎編著『イノベーションとベンチャー企業』八千代出版。
坂本光司・芝忠・塗師哲夫（1986）『異業種ネットワーク戦略』日刊工業新聞。
佐竹隆幸（2008）『中小企業存立論—経営の課題と政策の行方—』ミネルヴァ書房。
清水國明・東京 MXTV・双八（2001）『東京発＝中小企業 50 の挑戦ドラマ』東急エージェンシー。
商工組合中央金庫調査部（1974）『英国の中小企業：ボルトン委員会報告書・イギリス中小企業問題諮問委員会』。
商工組合中央金庫（2009）『中小企業の金融機関として　商工中金のあゆみ　1936-2008』、商工組合中央金庫。
清水龍瑩（1986）『中堅・中小企業成長論』千倉書房。
シュンペーター，J.A. 著、清成忠男編訳（1998）『企業家とは何か』東洋経済新報社。
JMAC RD&D（2004）『MOT 経営入門』PHP 研究所。
末松玄六（1972）『中小企業の経営戦略』丸善株式会社。
鈴木安昭（1990）「企業間関係に関する覚え書き」『青山経営論集』第 25 巻第 1 号。
鈴木安昭（1997）『流通と商業 [改訂版]』有斐閣。
鈴木安昭・田村正紀（1980）『商業論』有斐閣。
関智宏（2011）『現代中小企業の発展プロセス』ミネルヴァ書房。
高橋徳行（2005）『起業家の基礎』勁草書房。
髙橋美樹（2012）「イノベーションと中小企業の企業成長」小川正博・西岡正編著『中小企業のイノベーションと新規事業創出』同友館。
瀧澤菊太郎（1967）「中小企業の存続と適度規模」末松玄六、瀧澤菊太郎編『適正規模と中小企業』有斐閣。
瀧澤菊太郎（1996）「中小企業とは何か―認識型中小企業本質論」、瀧澤菊太郎・小林靖雄編［1996］『中小企業とは何か』有斐閣、pp. 1-34。
巽信晴・佐藤芳雄編（1988）『新中小企業論を学ぶ』有斐閣。
谷島宜之（2004）「今なぜ MOT か」『MOT の神髄』日経ビズテック、pp. 16-21。
中小企業基盤整備機構（2009）『新連携　厳選事例集　サービス業分野版』（中小企業庁委託

事業)。
中小企業基盤整備機構『異業種交流グループ情報調査報告書』［各年版］。
中小企業庁（各年度版）『中小企業白書』ぎょうせい他（年度により変更有り）。
中小企業庁（1990）『90年代の中小企業ビジョン―創造の母体としての中小企業』通商産業調査会。
中小企業金融公庫総合研究所（2007）『企業間連携を成功に導くマネジメント』、中小公庫レポート、No. 2007-2。
寺澤朝子（2011）「組織の硬直化を打破する個人―中小企業で豊かな意味充実人を育てる―」日本政策金融公庫総合研究所編『個性きらめく小企業』同友館。
寺本義也（1985）「ネットワーク組織による技術革新―異業種交流の組織論的研究―」組織学会編『組織科学』丸善、第19巻 No.1。
寺本義也・松田秀一監修・早稲田大学ビジネススクール（2002）『MOT入門』日本能率協会マネジメントセンター。
出川通（2004）『技術経営の考え方』光文社新書。
出川通（2005）『MOT（技術経営）がよ～くわかる本』秀和システム。
常盤文克・片平秀貴・古川一郎（2007）『反経営学の経営』東洋経済新報社。
常磐文克（2012）『新日本的経営を考える』日本能率協会マネジメントセンター。
土井輝生（1982）『フランチャイズ・システム―その基本構造と法規制』商事法務研究会。
東京経済（1986）『フランチャイズ21年史』東京経済出版。
長山宗広（2001）「中小企業経営革新支援のあり方―ニット企業の実態から見る―」三井逸友編著（2001）『現代中小企業の創業と革新』同友館。
内藤英憲・池田光男（1995）『現代の中小企業』中小企業リサーチセンター。
中村秀一郎（1964）『中堅企業論』東洋経済新報社。
中村秀一郎（1990）『新中堅企業論』東洋経済新報社。
中村秀一郎（1985）『挑戦する中小企業』岩波書店。
西谷洋介（2004）「鍵はコンセプト創造にあり、幅広い視点の確保が求められる」『MOTの神髄』日経 bizTech001, pp. 22-25。
日刊工業新聞中小・ベンチャー特別取材班編（2005）『東京発 強い中小・ベンチャー』日刊工業新聞。
日本アプライドリサーチ研究所［2002］「異業種交流グループ活動実態と今後の支援の方向性に関する調査研究」（経済産業省経済産業研究所（現在の独立行政法人経済産業研究所）の委託調査）2002年7月。
日本フランチャイズチェーン協会（2003）『フランチャイズハンドブック』商業界。
日本マーケティング協会（2005a）『「事業のビジネス戦略とマーケティング」に関する調査 調査サマリーレポート』（社）日本マーケティング協会、2005年6月。
日本マーケティング協会（2005b）『事業部門トップからのマーティング革新の提言』提言レポート』（社）日本マーケティング協会、2005年6月。

参考文献

野中郁次郎（1985）『企業進化論』日本経済新聞社。
羽田治光（1991）『フランチャイズ創業物語』商業界。
博報堂総合研究所（2012）『生活動力 2013　総子化』。
福永有利（1988）『新種・特殊契約と倒産法』商事法務研究会。
藤居譲太郎（2001）「21 世紀に成功する FC ビジネス　経営指南」『成功するフランチャイズ』柴田書店、No. 6、pp. 164-166.
藤末健三（2005）『技術経営論』生産性出版。
福岡伸一（2008）「明日への話題」2008 年 10 月 2 日、日本経済新聞夕刊。
本多哲夫（2006）「第 10 章　ベンチャー・ブームとベンチャー企業観の変遷」「第 11 章　ベンチャー企業・アントレプレナー」植田浩史・桑原武志・本多哲夫・義永忠一編著『中小企業・ベンチャー企業論』有斐閣。
松田修一（1996）「第 3 章　独立起業家の輩出と支援システム」松田修一・大江建編『起業家の輩出』日本経済新聞、pp. 86-128.
松田修一（1997）『起業論―アントレプレナーの資質・知識・戦略―』日本経済新聞社
松本敏史「中小企業の平均企業力推計―改良型企業力指数の応用―」『産業経営研究』第 27 号（2005）、日本大学経済学部
みずほ情報総研（2010）「異業種交流グループ情報調査」中小企業基盤整備機構委託調査。
三井逸友（2001）『現代中小企業の創業と革新』同友館。
三井逸友（2000）「中小企業政策の『大転換』―「中小企業の不利の是正」の問題を中心に」『政経研究』第 75 号。
三輪芳郎（1989）「日本の中小企業の『イメージ』、『実態』と『政策』」、土屋守章・三輪芳郎編『日本の中小企業』東京大学出版会、pp. 39-59.
三宅忠和（2009）「マーシャルとイギリスの産業組織論の形成」経済科学研究所紀要（日本大学経済学部）、39 号、pp. 79-95.
村上義昭（2007）「第 8 章　まとめ　新規開業の役割と開業支援策」樋口美雄・村上義昭・鈴木正明編著『新規開業企業の成長と撤退』勁草書房。
森下正（2003）「事業創造と企業の諸条件」百瀬恵夫・篠原勲『新事業創造論』東洋経済新報社、2003 年、pp. 44-61.
矢野恒太郎記念会（1991）『日本の 100 年　改訂第 3 版』国勢会。
矢作敏行（1993）「組織小売業の発展」、日本経済新聞社編『流通現代史』日本経済新聞社、pp. 57-100.
横森豊雄（2002）『流通の構造変動と課題―ヨーロッパと日本の流通』長崎県立大学研究叢書 12、長崎県立大学学術研究会。
山本久義（2002）『中堅・中小企業のマーケティング戦略』同文舘出版。
山城章（1982）『経営学』増補版、白桃書房。
山中篤太郎（1963）『経済成長と中小企業』春秋社。
山中篤太郎（1948）『中小工業の本質と展開』有斐閣。

山中篤太郎（1963）「序説　研究課題としての『中小企業』」、山中篤太郎責任編集『経済成長と中小企業』春秋社、pp. 3-36.

山本安次郎・加藤勝康編著（1997）『経営発展論』文眞堂。

山本安次郎（1997）「経営発展と現代の経営」山本安二郎・加藤勝康編著（1997）『経営発展論』文眞堂、pp. 2-17.

リクルートワークス研究所（1999）『Works』No37, 1999.12-2000.1、（株）リクルートワークス研究所。

渡辺幸男（2006）「第6章　もの作りと中小企業」渡辺幸男・小川正博・黒瀬直宏・向山雅夫『21世紀中小企業論［新版］』有斐閣、pp. 143-174.

渡辺幸男・小川正博・黒瀬直宏・向山雅夫（2006）『21世紀中小企業論［新版］』有斐閣。

あとがき

　本書はスモールビジネスの経営について発展の視点からまとめたものである。中小企業は規模が小さいがゆえに、経営資源が限られているがゆえに、大企業が見逃すか、大企業が参入できない市場で棲み分けて生存するという構図に納得がいかなかった。経営学の理論の勉強をしていながら、理論の中小企業への適応に疑問を持って尋ねると、決まって中小企業には当てはまらないかも知れない、という回答が帰ってきた。中小企業は企業数で99.7％を占め、日本経済とって最も大切な存在であると、繰り返し聞かされてきても、経済的にも経営学でも、その存在の強さを感じることはなかった。「数は力なり」といわれながら、数は力でない世界を実感させられてきた。

　このように中小企業の経営について学ぶうちに多くの疑問や課題が浮かび、スモールビジネスの経営力について考えてきた。

　まず法律的に定められた政策論的、政策手段としての中小企業の基準をもとに中小企業の経営を考えて良いのか、という疑問である。膨大な母数を対象にした研究は、結果的に多様性に収斂し、研究成果を曖昧にしてきたのではないか。しかも膨大であるがゆえに、その幅は広く、「中小企業」という用語すら、日常的に使われる「経営戦略」などと同じように、使う人、場所、状況によって異なり、別の言葉で補うことが必要なほどであった。それゆえ本書では政策的視点ではなく、経営学的視点から見る場合にはスモールビジネス・マイクロビジネスという用語を使用して区別して考察した。

　そして第二は経営学の研究対象としての中小企業に対する疑問である。経営学は伝統的に大企業を前提にし、企業数で99.7％である中小企業を積極的には対象としてこなかった。すなわち経営学が蓄積してきた理論は、極論すれば0.3％の企業を対象にした学問であった。中には中小企業の経営を『反経営学の経営』とすらしたものもある。これは経営学が暗黙のうちに大企業、製造業を中心にし、働く人は男性であるという3つの前提の一つであるという主張を思い起こさせた。経済のサービス化が進展し、女性の社会進出が進んだ今も、

サービス業の経営学、女性のための経営学などと強調されればされるほど、その3つの時代遅れの前提が依然存在しているのではないかと思うようになった。それゆえに「スモールビジネスの経営力」とは何かを考察することで、スモールビジネス経営論について考えた。

第3に中小企業の中でも経済構造改革や次世代のリーディングカンパニーとして期待されるベンチャー企業についても同様に違和感をもった。かつては対大企業に位置づけられていたベンチャー企業は、いつのまにか対中小企業の位置づけをも与えられた。「現在急速に成長しているベンチャー企業も、ひとたびその成長を緩めれば、あっという間に中小企業になってしまう」という、活力あふれるベンチャー企業と活力を失ったベンチャー企業（中小企業）という使われ方である。成長を志向するベンチャー企業と発展を志向するスモールビジネスに垣根はない、ということを考察の中から示したかった。

そして成功したプロトタイプとしてのベンチャー起業家、「スーパーヒーロー的起業家」への待望説は、ややもするとわが国の潜在的起業家の起業意欲を削いでいるのではないか、社会経済的改革に必要な起業家社会は、このようなヒーローではなく、職業選択の一つとして起業を選択する人達によって創られる社会ではないのかという視点から、起業家について考察した。

5つ目にわが国の経済を支える製造業、それを支える技術についても、スモールビジネスの視点から技術を見直し、技術・技能・熟練という3つの視点から考察した。

そして最後に大企業と中小企業が別々に存在する二重構造を前提にした経済は現実の姿を正確に表しているのかという課題があった。おそらく大企業とスモールビジネスが役割を分担しながら共同で経済を支え、ともに成長していく方が現実に近いのではないかという意識から両者の関係を考察した。具体的には大企業とスモールビジネスの共同形態としてフランチャイズを取り上げ、さらにスモールビジネス間の連携のあり方と支援を考察した。

これらの視点はどちらかといえば既存研究への批判的な側面を含むものであることを承知しているが、あえてここから考察を積み重ねてきた。それだけに

あとがき

より現実的でより具体的な「解」が用意されているべきであるという意見もあった。もちろん、それらが必要とされることはわかってはいるが、小書ですべてを取り上げることはできない。これらについては続編で示していきたいと考えている。

本書の視点（始点でもある）はすでに述べたようにスモールビジネスの経営発展にある。経営資源の制約を取り除く方法には成長と発展という2つの方法があり、スモールビジネスが目指す方向として、「発展すればするほど経営資源の制約を克服する経営、そして発展のために成長が必要とされる循環こそがスモールビジネスの経営」であると考えた。そしてその発展を司るものがスモールビジネスの経営力であり、経営力の創成にはスモールビジネスにこそ経営のプロフェッショナル化が必要であることを示した。スモールビジネスが規模を追わず、スモールであることの意味を示唆したり、強調する書籍は少なからず存在するが、そのビジネスが経営者とともにライフサイクルを終えるライフサイクル企業であったり、ゴーイングコンサーンを意識しないとすれば、そのビジネスは本当の意味で社員を育成し、地域社会に貢献し続ける意思を持っているとは言えない。だからこそスモールビジネスの経営は、ゴーイングコンサーンを前提とし、経営者は自らプロフェッショナルをめざさなくてはならないのである。

本書のタイトルは、当初は『スモールビジネス経営論』ではなく、『スモールビジネス発展論』としようと考えた。これは1994年に『経営発展論』（文眞堂）の執筆者に加えていただき、さらに編集作業に関わることができた時から思い描いた発展概念への思いである。

この発展概念は、本書でしばしば引用させていただいた加藤勝康先生（元青森公立大学学長）からご指導いただいた概念であり、それ以降の研究において根幹となった概念である。この『経営発展論』は、恩師の金子敬生先生のゼミナールの先輩でもある林伸二先生（青山学院大学教授）、後に河野昭三先生（東北大学名誉教授、甲南大学教授）とともに博士論文のご指導をいただいた故河野大機先生（東北大学名誉教授）など卓越した先生方の議論を傍らで拝聴

する機会を与えてくれた。それだけにスモールビジネス発展論とするにはまだまだ研究が足りないと、思いとどまることになった。近い将来、研究の総まとめとして挑戦する機会を創りたいと考えている。

　研究生活に入らせていただいたのは元号が昭和から平成に変わった1989年である。当時、共同石油（現JX日鉱日石エネルギー）のニューヨーク事務所勤務から帰国し、東京支店で商社の販売担当、中期経営計画を担当していた。その折りに産業能率短期大学でマーケティング論の専任講師として教鞭をとる機会を頂戴した。当たり前のことだか大学の講義は4月から始まるが、それらの準備のために共同石油を1月末で退職することにした。そうすると驚いたことに産能大は2月から雇用してくれただけでなく、研究する場所と研究費を用意してくれた。これは当時の主任教授だった故浜田芳樹先生（産業能率短期大学教授）のご配慮であったが、この厚情・ご高配は一生忘れ得ないものである。この2ヶ月は本当に寝食を忘れてむさぼるように勉強した。このような幸運から学究生活を始めることになったが、はじめの数年間で研究生活のあり方を決めた素晴らしい先生方にお会いすることができた。林伸二先生から研究指導を受けるようにご紹介いただき、その後一貫してご指導いただいた故鈴木安昭先生（青山学院大学名誉教授）、お亡くなりになる直前までご心配をいただいていた河野大機先生、91年から始まった中小企業事業団の「中小企業のM&A」のプロジェクトから現在まで、学究生活のすべての期間にわたってご指導いただいている小椋康宏先生にもこの時期にお会いすることができた。鈴木安昭先生には流通論、石油流通、そして中小企業経営論まですべてにわたって研究の道標を頂戴した。この後に青森公立大学、東洋大と職場は変わったが、私の前には多くのすばらしい先生方が次々と現れた。河野昭三先生は博士論文の指導をしていただいただけでなく、学究生活のすべてにおいて指導をいただいている。残念なことに浜田芳樹先生、河野大機先生、鈴木安昭先生はご逝去されてしまったが、その学恩は何ものにも代えがたいものがある。青森公立大学では同年代である青木雅明先生（東北大学教授）、佐藤靖先生（青山学院大学教授）から熱意を持って教育・研究に向かっていく熱い気持ちを教わった。

あとがき

　そして2003年から10年間にわたった東洋大学経営力創成研究センターでも、さまざまな研究の機会を頂戴した。シンポジウムでの報告、研究論文の執筆、研究成果の刊行と絶えず背中を押してくれた小椋康宏センター長なくして、遅筆な私がこのような研究成果を積み上げることはできなかった。さらに小椋先生は日本マネジメント学会（前日本経営教育学会）においても研究する機会を絶えず用意していただいた。重ねて御礼申し上げる。東洋大学では柿崎洋一先生、石井晴夫先生など多くの先生から、日本マネジメント学会では加藤茂夫会長（専修大学教授）、森川信男先生（青山学院大学名誉教授）など多くの先生方からご指導を戴いた。平成元年から平成24年までこれほどすばらしい人達に支えられ、有意義で雲一つない晴れ晴れした学究生活を送らせていただいたことにあらためて感謝申し上げたい。

　最後に私事であるが、この25年間支えてくれた妻美恵に感謝申し上げる。この25年間でニューヨーク、川崎、相模原、青森、オレゴン、朝霞、そして横浜と転々とし、その間、私自身はいつも忙しく走り回っていたが、妻は家庭をしっかりと守り、家庭をいつでもくつろげる場所にしてくれていた。おかげで長男の健嗣も無事、4月には大学院を修了して社会に出ることになっている。長女の真由香も4月からは大学3年生として社会学の勉強等に勤しんでいる。今は亡き父昭には最後まで心配ばかりさせてしまったが、92歳になる母房枝とは名古屋と横浜と離れてはいるものの、スカイプで顔を見ながら話をしていることで、少しは距離を感じないでいる。家の中ではコーギー・カーディガンのフレックが走り回り、安らぎを振りまいている。先代のコーギー・ペンブローグのクリフォードと同様に、朝の散歩で規則正しい毎日のスタートを共に過ごすパートナーであり家族の一員である。

　何よりも心穏やかに過ごせる場所のあることがすべての源であり、美恵、健嗣、真由香にはこころから感謝申し上げる。

2014（平成26）年3月　鎮守の森の傍らにある横浜の自宅にて

小嶌　正稔

初出一覧

　本書は、これまでに発表した研究成果にもとづいたものである。以下は各章に関連する論文などの初出であるが、内容は大幅に修正・加筆している。

序　章　書き下ろし
第1章　書き下ろし
第2章　書き下ろし
第3章　「中小企業の経営力の創成」『経営力創成研究』東洋大学経営力創成研究センター第8号、pp.59-70、平成24年（2012年）3月を加筆、修正。
第4章　「起業家概念の変質と起業家社会の構築」『経営者と管理者の研究』、東洋大学経営力創成研究センター編、第5章、pp.101-125、平成24（2012）年2月、学文社、「フランチャイズ・システムにおける創業機能」『経営力創成研究』東洋大学経営力創成研究センター第5号、pp.17-29、平成21（2009）年3月を統合、加筆、修正。
第5章　「フランチャイジングの定義と優位性の源泉」『経営研究所論集』東洋大学第26号、pp.27-45、平成15（2003）年2月を加筆、修正。
第6章　「中小企業の技術概念と経営力の創成」『企業競争力の研究』中央経済社、pp.39-57、平成19（2007）年3月、「MOTと中小企業の経営力の創成」『経営力創成研究』東洋大学経営力創成研究センター第2号、pp.45-58、平成18（2006）年3月を統合、加筆、修正
第7章　「ファミリービジネスの経営力創成」『経営力創成研究』東洋大学経営力創成研究センター第9号、pp.65-76、平成25（2013）年3月第9号を加筆、修正。
第8章　第2章「中小企業の連携プロセスと連携支援のあり方」森川信男編著『中小企業の企業連携』学文社（青山学院大学総合研究所叢書）、2013年3月を加筆、修正。

以上

索　引

【数字】
90年代の中小企業ビジョン　*41*

【欧文】
SOHO　*71, 87*

【あ行】
有澤広巳　*35*
アントレプレナーシップ　*72*
異業種交流　*160*
異業種交流会　*161*
異業種交流活動　*162*
異業種交流のマネジメント　*173*
イノベーション　*6*
インディペンデント・コントラクター　*76, 87*
エリア・フランチャイジング　*108*
応用研究　*127*
親子共存年数　*154*

【か行】
開業の困難性の要因　*70*
開業率　*70*
格差問題型　*35*
加工技術　*122*
家商分離　*152*
ガゼル　*87*
家族経営　*24*
家族従事者　*22, 24*
家族所有・家族経営企業　*145*
家内工業　*16*
環境依存性　*5*
完成型のファミリービジネス　*147*
完全な形態　*7*
起業家　*66*
起業家社会　*45, 86*
起業家精神　*72*
起業家の資質　*72*
起業家への期待　*66*

企業性基準　*24*
企業的家族経営　*24*
企業理念　*126*
企業力　*49, 50*
企業連携　*167*
技術　*121*
技術革新　*122*
技術経営　*124*
技術交流プラザ事業　*161*
技術的起業家　*74*
技術と市場開発研究会（MATE）　*167*
技術のマネジメント　*125*
基礎研究　*127*
機動力　*61*
技能　*122*
業種転換　*158, 161*
行政刷新会議　*178*
共同化　*159*
近促法（中小企業近代化促進法）　*159, 175, 184*
経営革新活動　*54*
経営革新計画　*175*
経営革新法　*175*
経営者個人の資質　*58*
経営者と家族の対境化　*51*
経営者の特質　*52*
経営者力　*49, 50*
経営存在の二面性　*5*
経営の専門化　*55*
経営プロフェッショナル　*50, 64*
経営力　*49*
経営力の源泉　*61*
系列　*94*
限界企業　*43*
コア企業　*176*
後継者教育　*153*

201

後継者ステージ　152
工場　15, 16, 29
構造転換政策　160
小売商業振興法　115
交流・情報段階　168
国際的スモールビジネス　74
コスト・スプレッティング理論　137
コミュニティビジネス　74
雇用者社会　45, 69

【さ行】
（財）大阪科学技術センター　160
在来工業　30
残存問題型中小企業認識論　31
自営業主　22, 52, 67
ジェネリック商品　38
事業機会追求型企業家　73
事業協同組合　165
事業継承教育　153
事業承継　61, 151
事業承継プロセス　151
事業仕分け　184
事業転換　158, 161
事業転換法　160
事業連携活動　164
システム・フランチャイジング　103
下請企業　123
質的基準　18, 20
実用化研究　127
死の谷　131
自発型　79
収益重視型起業家　74
従業員社会　4, 36, 45
終身雇用制度　67
集団化　159
熟練　122
シュンペーター　3, 40
シュンペーターの仮説　137
小企業　22
小企業法　18
小規模企業　21
商業ブライト　76
商工中金（商工組合中央金庫）　16

小商工業者　16
商人家族　152
殖産興業　30
職人企業家　73
職人の技能者　124
職歴の中断　87, 96
所有経営者　73
自律化　7
新規事業開発　161
新事業創出促進法　175
新製品のアイデア　130
真の存続　31
新連携　174, 176
スピンオフ型　79
スモールビジネス　3, 22
スモールビジネスの組織力の活用　59
スモールビジネスの多様性　52
スモールビジネスの発展　8
スリーサークルモデル　143
スリー・ツー・イヤーズ・ルール　120
生業維持型企業　73
生業的家族経営　24
生産技術　122
生産システム　122
生存領域　6
成長　7
漸進的上向運動　7
専門的起業家　74
全要素生産性　137
創業動機の推移　78
創業リスク　111
創造的破壊　40, 66
創造法　175
相対的な強み　59, 60
組織化　159
組織化の目的　165
組織化プロセス　167
組織化目的　166
組織的技術力　124

【た行】
ターンキー型フランチャイジング　108
大企業問題　29

索　引

対境化　168
対境関係　50
代理店　97
匠　122
匠の技　128
脱中小企業政策　41
誕生権経済　40
地域資源活用事業　178
"ちいさな企業"未来会議　44
チェーン・オペレーション　110
中堅企業　25
中小企業基本法　16
中小企業支援三法　175
中小企業新事業活動促進法　175
中小企業性業種　34
中小企業の類型化　24
中小企業問題　29
定年型　79
適所（ニッチ）　2, 61, 62
適正規模　33
転換型フランチャイジング　109
転換力　61
同族経営　26
独自型　79
特約店　97

【な行】

苗床　40
二重構造　1, 4
二重構造論　35, 36
二重状態　36
にせの起業家　73, 96
日本フランチャイズチェーン協会（JFA）　95
ネットワーク組織　173
農商工連携　176
のれん分け型　79

【は行】

バーナード　53
廃業率　70
ハザードレート　32
発展　7
非家族従業員　144

ピギーバック型フランチャイジング　108
ビジネスフォーマット・フランチャイジング　104
ビジネスモデル　112
非自発的開業　96
非正規雇用者　67
敏捷性　34
ファミリービジネス　74, 141
ファミリーライフサイクル　152
副業的・内職的家族経営　24
複合的な性格を持つ均衡　5
フランチャイザー　98
フランチャイジー　98
フランチャイジング　98
フランチャイジング企業　106
フランチャイズ　98
フランチャイズ・システム（フランチャイジング）　35, 82, 98
フランチャイズ・パッケージ　103, 107
プロダクト・フランチャイジング　107
プロトタイプ的起業家　86
分社化　79
ベンチャー企業　2
ベンチャー企業家　73
ボーングローバル企業　74
ボランタリーチェーン（VC）　95, 117
ボルトン委員会報告　40

【ま行】

マーシャル　32
マイクロビジネス　3, 22
マイクロビジネスの技術　128
マクミラン・ギャップ　35
マスターライセンス・フランチャイジング　108
目的論的性格　5
模倣の困難性　112
森の比喩　32

【や行】

融合化法　162, 167, 175

【ら行】

ライセンス　97
ライフサイクル　148

203

ライフスタイル企業家　78	理想的な起業家　66
ライフタイムビジネス　74	流通業者　97
リース・ライセンス方式　108	量的基準　18
リーダーシップ　53	零細企業　22
リストラ型　80	連携目的　166

〔著者略歴〕

小嶌正稔（こじままさとし）
博士（経済学）東北大学
1958年　愛知県東海市生まれ、
共同石油（現JX日鉱日石エネルギー）、産業能率短期大学（現産能短大）、青森公立大学、
東洋大学経営学部助教授を経て、現在は東洋大学経営学部教授。
専門：中小企業経営論、石油流通、フランチャイジング

2014年3月20日　第1刷発行

スモールビジネス経営論
―スモールビジネスの経営力の創成と経営発展―

　　　Ⓒ著　者　小　嶌　正　稔
　　　　発行者　脇　坂　康　弘

発行所　株式会社　同友館

〒113-0033　東京都文京区本郷3-38-1
TEL.03（3813）3966
FAX.03（3818）2774
http://www.doyukan.co.jp/

乱丁・落丁はお取り替え致します。
ISBN 978-4-496-05048-4

三美印刷／東京美術紙工
Printed in Japan

本書の内容を無断で複写・複製（コピー），引用することは，
特定の場合を除き，著作者・出版者の権利侵害となります。